现代语文
教育

U0684548

初中语文
教学与写作
技法创新

张素新 ◎著

本书结合了现代语文教育理念
通过创新的教学方法
帮助学生在语文教学中培养创新思维
发掘个人潜力，发挥个性特长

议论文
说明文
普通记叙文
等不同文体

培养学生的文化自信与思维能力
帮助学生深入思考、开阔视野
在写作中不断提升自身的素养

中国出版集团
中译出版社

图书在版编目（CIP）数据

初中语文教学与写作技法创新 / 张素新著. -- 北京：
中译出版社，2024.4
ISBN 978-7-5001-7850-7

Ⅰ.①初… Ⅱ.①张… Ⅲ.①中学语文课—教学研
究—初中 Ⅳ.①G633.302

中国国家版本馆CIP数据核字（2024）第079028号

初中语文教学与写作技法创新
CHUZHONG YUWEN JIAOXUE YU XIEZUO JIFA CHUANGXIN

著　　者：张素新
策划编辑：于　宇
责任编辑：于　宇
文字编辑：田玉肖
营销编辑：马　萱　钟筏童
出版发行：中译出版社
地　　址：北京市西城区新街口外大街 28 号 102 号楼 4 层
电　　话：（010）68002494（编辑部）
邮　　编：100088
电子邮箱：book@ctph.com.cn
网　　址：http://www.ctph.com.cn

印　　刷：北京四海锦诚印刷技术有限公司
经　　销：新华书店
规　　格：710 mm×1000 mm　1/16
印　　张：12.25
字　　数：198 千字
版　　次：2024 年 4 月第 1 版
印　　次：2024 年 4 月第 1 次印刷

ISBN 978-7-5001-7850-7　　　定价：68.00 元

前　言

初中语文教学是培养学生语言素养和人文精神的重要阶段。随着时代的进步和教育的改革，初中语文教学不再满足于传统的知识传授，而是更加注重对学生实际应用能力和创新思维的培养。写作技法创新作为初中语文教学的重要组成部分，是提高学生写作能力和语文素养的关键环节。

本书旨在通过对初中语文教学与写作技法创新的深入研究，为初中语文教师和学生提供有益的参考和指导。本书不仅涵盖了传统写作技法的介绍，还结合了现代教学理念和实际教学经验，重点探讨如何通过创新教学方法和手段，培养学生的写作兴趣和创造力，提高学生的写作水平和语文综合素养。

在写作过程中，笔者深入分析了当前初中语文教学的现状和问题，结合最新的课程标准和教育理念，从写作技法的角度出发，探讨了创新教学方法的具体实施方案。本书注重理论与实践相结合，既提供了丰富的理论支撑，又结合了实际教学案例，具有很强的实用性和可操作性。

通过阅读本书，初中语文教师可以掌握一系列有效的写作技法创新教学方法，帮助他们更好地指导学生进行写作实践，提高学生的写作能力和创造力。同时，学生也可以通过阅读本书，了解更多关于写作技法的知识和技巧，培养自己的写作兴趣和创造力，为未来的学习和工作奠定坚实的基础。

在当今社会，创新能力和实践精神已经成为人才竞争的核心要素。初中语文教学作为培养学生基础素质的重要环节，教师必须紧跟时代步伐，不断更新教学理念和方法。笔者相信，通过阅读本书并付诸实践，初中语文教师可以带领学生共同探索出一条富有实践精神的初中语文教学与写作技法创新之路。

另外，笔者要感谢所有参与本书编写和审稿的人员，正是大家的共同努力才使本书得以顺利出版。同时，笔者也希望广大读者能够给予我们宝贵的意见和建议，以便我们在今后的工作中不断改进和完善。

作　者

2023 年 10 月

目 录

第一章 初中语文教学的核心理论解读 ························· 1

第一节 初中语文学科特点与课程性质 ··············· 1

第二节 初中语文中的教育理念渗透 ··············· 7

第三节 初中语文教学的基本要素构成 ··············· 8

第四节 双减政策下的初中语文教学 ··············· 17

第二章 初中语文教学内容体系与重构 ················· 21

第一节 初中语文识字与写字教学 ··············· 21

第二节 初中语文口语交际教学 ··············· 22

第三节 初中语文阅读教学解读 ··············· 33

第四节 初中语文教学内容的重构 ··············· 55

第三章 初中语文核心素养的提升途径 ················· 57

第一节 初中语文核心素养—文化自信 ··············· 57

第二节 初中语文核心素养—语言运用 ··············· 60

第三节 初中语文核心素养—思维能力 ··············· 62

第四节 初中语文核心素养—审美创造 ··············· 90

第四章 初中语文有效教学的构建策略 ················· 92

第一节 初中语文有效教学及其重要意义 ··············· 92

第二节 初中语文有效教学中的读写结合 ··············· 93

第三节　初中语文教学有效性评价与反思 ······················ 116

第四节　初中语文课堂有效教学策略探究 ······················ 122

第五章　初中语文写作教学设计与实施 ························ 127

第一节　初中散文写作教学的设计与实施 ······················ 127

第二节　初中小说写作教学的设计与实施 ······················ 129

第三节　初中说明文写作教学设计与实施 ······················ 131

第四节　初中议论文写作教学设计与实施 ······················ 133

第五节　初中普通记叙文写作教学设计与实施 ·················· 136

第六章　初中语文写作技法的创新实践 ·················· 141

第一节　初中语文写作的遣词技法与实践 ······················ 141

第二节　初中语文写作的炼句技法与实践 ······················ 157

第三节　初中语文写作的构段技法与实践 ······················ 173

第四节　初中语文写作的谋篇技法与实践 ······················ 186

参考文献 ·· 188

第一章 初中语文教学的核心理论解读

第一节 初中语文学科特点与课程性质

初中语文是培养学生语言表达能力、思维能力和审美观念的重要学科，它不仅关乎学生的知识储备，更是塑造其价值观、人生观的重要基石。学好初中语文，能让学生在今后的生活和工作中受益无穷。

一、初中语文的学科特点

（一）基础性与工具性特点

《语文教学大纲》："语文是最重要的交际工具……""语文学科是一门基础学科……"这些表述都是对语文学科基础性、工具性的充分肯定。具体而言，语文课的任务就是既要培养学生听、说、读、写的语文能力，还要传授并使学生掌握一定的语文知识等内容。学生一旦有了一定的语文知识并具备了一定的语文能力，为学好其他学科乃至走向社会都奠定了良好的基础。在现代社会的交际当中，语文水平显得非常重要，口语交际能力就是语文学科工具性的最好体现。

（二）人文性与思想性特点

初中语文的人文性与思想性特点主要体现在对个体情感、价值观、道德观念和审美能力的深度关注上。通过引导学生阅读和理解文学作品，初中语文教育不仅能培养他们的语言运用能力，更强调培养他们的人文素养、思想启迪、德育教育和审美能力，从而促进他们综合素质的提升和全面发展。

（三）开放性与多样性特点

语文教学的课堂，不但内容上具有开放性，教学方式上也具有多样性。可以读、可以问、可以说、可以唱，有时哄堂大笑，有时屏声静气，有时口若悬河、滔滔不绝，有时伏案疾书、洋洋洒洒。新时期的语文教学，更具有这种特点。当然，语文教学还不限于课堂，比如许多语文教师还开辟"第二课堂"，引导学生进行课外的语文活动，促进了学生语文水平的提高。可以说面对社会，面对生活，语文学习无处不在。小说、报纸、电视、文艺演出等，甚至街头的标语、广告都是学习语文的良好素材。

（四）实践性与应用性特点

初中语文的实践性与应用性特点主要表现在对学生实际语言运用能力的培养上。通过设置丰富多样的实践活动和应用场景，初中语文课程鼓励学生将所学的语言知识和技能运用到实际生活中，从而提高他们的口语表达、写作能力和跨文化交际能力，为未来的学习和生活奠定坚实的基础。

（五）地方性与区域性特点

任何理论的应用，都离不开一定的环境，语文教学也脱离不了地方实际。地方实际决定了地方性，地方性决定了地方特色。不同地区，人们的语言、风俗、文化等都有很大的差异，这些都直接影响着人文性很强的语文学科教学。

（六）探究性与创造性特点

新的教学观念要求人们，教学不但要以学生活动为主，还要进行研究性学习，培养创新精神。研究性学习已经成为初中阶段必不可少的学习方式。创新观点，应用到了整个社会发展的广阔领域。在新时代，语文教学不再是死记硬背和口耳相传，而是需要激发学生的学习兴趣，启发学生的思维，带领学生去探讨、去研究、去创造。学习的过程，就是探究的过程，也是创造的过程。探究性和创造性同样是语文学科必不可少的特点。

（七）时代性与超前性特点

语文学科像其他学科一样，需要和人们的思想意识紧密联系，紧跟时代步伐，与时俱进。语文反映历史，也反映现实，具有很强的时代性，语文又是先进文化的载体。先进文化既是一个时代的精神财富，又是引导人们前进的动力，还必须具有超前性。语文学习的内容，同样既有时代性又有超前性。

二、初中语文的课程性质

"语文课程的性质是语文课程理论建设的核心问题，也是语文教学的根本问题"[①]。语文课程性质体现了工具性与人文性的统一。语文课程的工具性着眼于培养学生语文运用能力的实践性。语文是一门通过言语来学习语言的学科，训练学生的听、说、读、写并最终运用到社会交流中，这是基础特性。新课程标准要求学生既要弘扬和培养民族精神，又要尊重文化的多样性，因此语文更应该注重丰富的人文内涵，以全面提高学生的语文素养。语文课程内容的选择应着眼于课程的内涵性要求，关注课程本身文化性、生命性和人文性的统一，以促进学生身心的健康发展。在具体的语文教学实践中，应努力做到两者的和谐统一，全面提升学生的语文综合素养。语文的两个基本属性是辩证统一的，工具性孕育着人文性，人文性促进着工具性。

目前的语文课标，吸收了近现代语文教育的精髓，既肯定了它的工具性，又吸纳了人文性的新观点，把二者统一起来，在语文教学的发展史上首次提出了"工具性与人文性的统一，是语文课程的基本特点"这一理念。其既继承了语文教育应该使学生打好语文基础这一传统的观点，又反映了语文教育应该体现固有的人文精神和加强人文精神的新的时代观点，为语文教育指明了方向，把语文教育指向了健康发展的正确道路。

作为民族文化的集中体现，作为个人生命意识的具体表现，在听、说、读、写的活动和学习过程中，学生在使用语文这个"工具"的同时也在形成着情感态度和价值观，即学生在进行语文学习的同时实际上也学习对世界、对人生的认识。人类的进化发展是一种"人为文之根，文为人之本"的过程，即人创造了文化、传承了文化、丰富了文化。反之，文化引导了人、滋养了人、成就了人，人与文化是互生互动的，社会形态的人与文化互动的即时状态，是一种互动的空间存在形式；而历史进程是人与文化互动的历时状态，是一种互动的时间存在形

---

①陈西春. 初中语文教学与高效课堂策略探索 [M]. 长春：吉林人民出版社,2021：3.

式。语文教学的人文性主要体现为培养学生积极、乐观的人生态度和美好、丰富的情感，也就是眼中不能只有语文，只有语文的分数，还要有人、人的生命、人的发展。

工具性与人文性之间存在表里关系，其中，工具性为"表"，人文性为"里"。工具性充当载体，而人文性则为灵魂。二者相互依存，不可或缺。若失去工具性，语文课程的存在必要性便不复存在，人文性亦无从谈起。反之，若失去人文性，语文课程将沦为孤立的字、词、句、篇的教学，呈现出枯燥、机械的语言训练，从而丧失生机、情感与韵味。在引导学生正确理解和运用祖国语文的过程中，教师应在培养语感、发展思维、积累语言、积淀文化的基础上，注入人文内涵，培育人文精神。

语文课程工具性与人文性相统一的实现途径具体如下。

（一）注重工具性：发展学生听说读写能力

语文学科的工具性是指语文用于人际交流，具有维持社会联系的实用功能和中介作用。语文是个人和社会都离不开的重要工具。以汉语言文字为载体的语文，是传承中华民族优秀文化的重要工具。可以说，语文的工具性是由语言的功能决定的，它也是语文学科的本质特征。由此可见，注重语文的工具性，培养学生运用祖国语言文字的能力，应是语文教学工作中的重要任务。新课标提出的"识字写字能力、阅读能力、写作能力、口语交际能力"的培养，也正是语文工具性作用的体现。语文是广泛运用于人们交际和思维的重要工具，而学生对这一工具的熟练掌握，需要在课堂上不断地进行语言文字的训练。

（二）凸显人文性：夯实学生的人性根基

要真正凸显语文的人文性，培育学生的心灵，关怀学生生命的成长和发展，对学生进行浸染熏陶，以夯实学生的人性根基，增强学生的文化底蕴，给学生一个亮丽的精神底色，最关键的是把学生当作一个鲜活的、具有极强可塑性的人来对待，着重培养学生作为"人"所应具备的基本素质。在此认识的基础上，正确地把握课本中的思想内涵，培养学生的爱国主义情感、社会主义道德品质，使其逐步形成积极的人生态度和正确的价值观，提高文化品位和审美情趣。

具体而言，可以从以下两个方面入手。①锤炼品德，完善人格。正所谓"文以载道"，世界上无论哪一种语言都是用来表达特定的思想或见解的。语文课本中的文章都是经过严格筛选的，其思想内容对学生良好品德的形成有着不可估量的作用：一系列人物所具有的品格，会让学生在学习过程中耳濡目染，在内心深处留下不可磨灭的印象，让学生在学习中逐渐形成健康的人生观与世界观。②陶冶情操，培养情趣。语文课本中，大多是文质兼美的文章，这些文章为学生的健康成长构筑了一座风光无限的艺术宫殿。教师在教育教学工作中，应该通过提示、引导、点拨等，让学生体会文章的内涵，用文章中的养分去滋润他们幼小的心灵，并逐渐转化为他们内在的能力，在生活中创造美，辨别真、善、美与假、恶、丑，激起对生活美的追求，感受语文学习的乐趣。

(三) 探寻语文工具性与人文性的和谐之美

语文课本就是工具性与人文性统一的整体，教师在教学中不能偏重某一方，更不能将它们割裂开来，二者不是简单的相加，而是在语文课堂教学中的和谐统一，水乳交融。

1. 创设以人为本的民主课堂

语文教学是教师与学生共同参与的双边活动，必须以人的发展为着力点，学生的语文能力、品德修养和审美情趣才能得到和谐发展。教师应把功夫下在提高自身的人文素养和学识水平上，切实改变以教师为中心的教学设计理念。教师作为设计者，课堂教学不是为自我而设计，而是为学生而设计。教师是课堂的主导者，所以教师应当在尊重学生的多样性、差异性的基础上，在自由、自主、合作、互动的教学氛围中，让学生的思想逐步提高、个性得以张扬、情感逐渐得到净化，使课堂教学充满人文魅力。

2. 实施目标多元化的训练

语文素养重在"综合"，它以语文能力（识字、写字、阅读、习作、口语交际）为核心，是语文能力、语文知识、语言积累、审美情趣、思想道德、思想品质、学习方法和习惯的融合。这里体现了工具性和人文性相统一的思想，包含了扎实基本功的培养和潜在能力与创新能力的开发。要在课堂教学中体现出这一思想，就应该设计出一些能够挖掘人文因素，落实好思维过程、思维方法，体现辨别是非优劣能力的训练。这种基于新课标指导的训练，不再是课程改革前的那种目标单一型的训练，而是一种多元化的、让语文的工具性与人文性和谐共存的训练。要实现语文的工具性与人文性统一，教师必须在《语文课程标准》的指导下，树立正确的观念，在教学实践中不断探索。只有这样，才能对语文的工具性与人文性有更准确、更成熟的认识与把握；也只有这样，才能真正实现语文课程改革的目标，提高学生的语文素养。

（四）在人文性与工具性之间建立支点

工具性是人文性的基础，是人文性的载体，人文性是工具性的"精、气、神"之所在。工具性与人文性的统一，必须寓教于文。着眼于语言内容与语言形式的有机结合，既要注重语言形式的训练，又要强调语言内容的感悟，培养真正意义上的语文素养，它不仅包括听说读写能力、思维能力、语言能力，还包括品德和审美情趣以及良好的个性和健全的人格。教师通过巧妙的设计，指导学生进行朗读，并把读、想、说、悟有机结合，互相促进，在掌握语言文字的同时，一步步使学生读出感情、读出真情，与作者的感情产生共鸣，从而理解文字中所包含的深刻寓意。

（五）促使人文性与工具性相得益彰

语文教学的最终目的在于育人，即教学生学会做人，正确协调人与人、人与自然、人与社会的关系，使之和谐发展。学生通过语文学习，滋润灵魂，陶冶情操，提升人生境界。实施语文素质教育，必须重视语文的人文性，培养学生的人文素质。领悟和把握课文中的人文内涵是开展人文教育的前提。语文课文涉及人类社会生活的各个方面，乃至自然界的各个领域，它既反映民族文化的优良传统，又蕴含现代文化的精华，具有丰富的人文教育素材。

要把语文的工具性和人文性作为一个和谐的统一体，在语文教学中，首先要引导学生在丰富多彩的听、说、读、写的言语实践中提高理解和运用语言的能力，并利用这些能力进行语言交流、解释和记忆。其次要引导学生在实践中获得语文知识和能力的自学方法，提高语言学习的效率。最后要牢固树立以人为本的思想，鼓励学生独自体验，要以塑造完善的人格为宗旨，使学生的思想更健康、品质更高尚、个性更张扬、从而为学生的终身学习和发展奠定坚实的基础。

第二节　初中语文中的教育理念渗透

在中国的教育体系中，初中阶段是一个承上启下的关键时期。语文作为初中教育的一门核心学科，不仅教授语言技能，更承载着培养学生人文素养、审美观念和思想道德的重要任务。随着新课程改革的深入，初中语文教育更加注重学生的全面发展，强调教育理念的渗透与实践。

一、提高学生的语文素养

九年义务教育阶段的语文课程，必须面向全体学生，使学生获得基本的语文素养。语文课程应激发和培育学生热爱祖国语言的思想感情，引导学生丰富语言积累、培养语感、开拓思维，初步掌握学习语文的基本方法，养成良好的学习习惯，使他们具有适应实际需要的识字写字能力、阅读能力、写作能力、口语交际能力，能正确地理解和运用祖国语言。同时，语文课程还应通过优秀文化的熏陶感染，提高学生的思想道德修养和审美情趣，使他们逐步形成良好的个性和健全的人格，促进德、智、体、美诸方面的和谐发展。

二、把握语文教育的特点

语文课程丰富的人文内涵对学生精神领域的影响是深广的，学生对语文材料的感受和理解又通常是多元的。因此，应重视语文的熏陶感染作用，注意教学内容的价值取向，同时也应尊重学生在学习过程中的独特体验。

语文是实践性很强的课程，应着重培养学生的语文实践能力，而培养这种能力的主要途径也应是语文实践（不宜刻意追求语文知识的系统和完整）。语文又是母语教育课程，学习资源和实践机会无处不在，无时不有。因此，应该让学生更多地接触语文材料，在大量的语文实践中体会、掌握、运用语文的规律，而不宜刻意追求语文知识的系统和完整。

语文课程还应考虑汉语言文字的特点对识字、写字、阅读、写作、口语交际和学生思维发展等方面的影响。教师在教学中尤其要重视培养学生良好的语感和整体把握的能力。

三、倡导自主、合作、探究的学习方式

学生是学习和发展的主体。语文课程必须根据学生身心发展和语文学习的特点，关注学生的个体差异和不同的学习需求，爱护学生的好奇心、求知欲，充分激发学生的主动意识和进取精神，倡导自主、合作、探究的学习方式。教学内容的确定、教学方法的选择、评价方式的设计，都应有助于这种学习方式的形成。

语文综合性学习，有利于学生在感兴趣的自主活动中全面提高语文素养，是培养学生主动探究、团结合作、勇于创新精神的重要途径，应该积极提倡。

四、建设开放而有活力的初中语文课程

语文课程应继承语文教育的优秀传统，要面向现代化、面向世界、面向未来，应拓宽语文学习和运用的领域，并注重跨学科的学习和现代科技手段的运用，使学生在不同内容和方法的相互交叉、渗透和整合中开阔视野，提高学习效率，初步获得现代社会所需要的语文素养。语文课程应该是开放而富有创新活力的。应当密切关注学生的发展和社会现实生活的变化，尽可能满足不同地区、不同学校、不同学生的需求，并以此确立适应时代需要的课程目标，开发与之相适应的课程资源，形成相对稳定而又灵活的实施机制，不断地自我调节、更新发展。

第三节　初中语文教学的基本要素构成

一、初中语文教学的原则

初中语文教学原则是依据语文教学规律制定的、规范语文教师教学工作的行为准则，也是学生学习语文的行为准则。概括而言，初中语文教学应遵循以下基

本原则：

（一）素质教育与人文素养培养相融合的原则

素质教育与人文素养培养相融合的原则是初中语文教学应遵循的重要原则。具体而言，要贯彻这一原则应做到以下方面：

1. 在教学中渗透人文教育，调动学生的积极性与创造精神

要想在初中语文教学中渗透人文教育必须做到以下方面：

（1）尊重学生的个性。每个学生都有不同于他人的自我意识，而不同于他人的意识，便成了个性。在初中语文教学中，教师不但要关注学生的自我意识，更要尊重学生的个性，鼓励发展个人意识，强调个人的选择自由以及对自己选择的结果须承担责任，帮助学生养成一种学会对自己负责的生活态度。

（2）关注学生的心灵。在初中语文教学中，教师一定要多关注学生的心灵，具体应做到以下方面：第一，要处理好师生之间的关系；第二，要有意识地引导学生学会关注心灵。

2. 要对学生进行严格的听、说、读、写训练

学生听、说、读、写能力的高下是初中教学质量优劣的反映，也是素质教育成功与失败的一个重要评价标准。因此，初中语文教师要在全面提高学生素质的思想指导下，对学生进行严格的听、说、读、写训练。

（二）课内语文学习与课外语文学习互相促进的原则

要贯彻课内语文学习与课外语文学习互相促进的原则必须做到以下方面：

第一，树立"大语文"教学观，扩大初中语文教学视野。语文是母语教育课程，因此其应该是开放而富有创新活力的，应尽可能满足不同地区、不同学校、不同学生的需求，并能根据社会的需要不断自我调节、更新发展。因此，初中语文教师一定要树立"大语文"教学观，扩大语文教学的视野，灵活运用多种教学策略，积极开发课程资源，引导学生在实践中学会学习。

第二，鼓励学生深入社会实践。完整的知识应该由书本知识加实践知识组成，完整的能力应该由认识能力加实践能力构成，没有实践能力，认识能力就失

去了实际意义。因此，语文教师要鼓励学生深入社会实践，在实践中学语文、用语文。

第三，给学生创设语文课外活动的条件和环境。初中语文教师要积极给学生创设语文课外活动的条件和环境：①请求学校为语文教学配置相应的设备；②与社区建立稳定的联系，争取社会、家长等的支持，开展多种形式的语文学习活动。

（三）听、说、读、写综合训练的原则

在初中语文教学中要贯彻这一原则应做到以下方面：

第一，培养学生养成良好的听、说、读、写习惯。语文教学课堂是通过师生双方的听、说、读、写综合运用来实现目的的。教师要着力培育学生综合运用四种能力的习惯，学生读书，要求他们勤查工具书，学会圈点批注，上课勤做笔记，课后写读书笔记。平时听到别人说的，或从书上、报刊上看到有价值的资料，要及时摘录并分类整理，不断积累，学识就会不断丰富。

第二，结合课文内容，以点带面，综合训练。在初中语文教学中，教师要注意结合课文内容，以点带面，既突出重点，又兼顾综合训练，使学生的四种能力真正得到协调发展。另外，初中语文教师要有意识地把听、说、读、写综合在一起进行训练，为学生提供更多的运用机会。如上课时记笔记、写作文前先"说文"等。

第三，营造全面训练的大环境。课内时间有限，相对完整的听、说、读、写通常安排在课外进行，例如阅读文章后写心得体会、编写"手抄报"等活动在课内是难以完成的。所以，进行听、说、读、写的综合训练需要课外的配合。老师要重视课外活动的指导，根据学生的思想、能力、兴趣等不同情况将听、说、读、写的综合训练延伸到课外，以便切实提高学生的综合能力。

二、初中语文教学的方法

"时代环境以及学生情况的变化要求初中语文教学方法进行与时俱进的改革，要打破传统的单一教学法，转变为多元教学方法的交叉运用。"[①] 初中语文教学

---

①刘淑凤. 多元教学方法在初中语文教学中的运用 [J]. 中国多媒体与网络教学学报（下旬刊），2021（5）：193.

方法是指为了达到语言教学的目的、完成教学任务，在以教师为主导，学生为主体的听、说、读、写活动中所采用的方式和手段，体现为教法和学法的统一。

（一）初中语文的教法

初中语文的教法主要包括以下方面：

1. 讲述法

讲述法是由教师把确定的内容用言语形式传授给学生的方法。这种方法使用的主要材料是言语，教学效果的好坏与教师的言语有极大的关系。教师不但要注意自身的言语表达能力的优化，也要注意培养学生的听话水平。讲述法有自身的优缺点。

讲述法的优点：①能面对全班大多数学生，在较大程度上适应班集体。②能比较全面、准确、系统地传授新知识。③能突出重点和难点，节省了时间。④有利于学生记笔记，帮助学生提高文字的组织和表达能力。⑤能较充分地显示教师在语言运用、知识理解、读书方法等方面的示范作用。

讲述法的缺点：①由于缺乏信息的双向交流，所以教师难以了解教学效果，不能及时调整教学进度。②只从教师方面输出信息，学生处于被动地位，处理不当会压抑学生的学习积极性。③不利于学生读和说能力的培养。④不利于学生分析问题、解决问题能力的发展。⑤无法照顾学生的个体差异。

需要指出的是，讲述法是一种传统语文教学方法，教师对这种教学方法要有正确的认识。教师要充分发挥它的长处，与其他方法配合，以弥补它的不足。

2. 问答法

问答法又称提问法，其核心是教师有计划、有目的地提出问题，以引起学生积极思考问题、解决问题，达到预期目的的教学方法，也可以在教师的组织指导下，学生就学习内容提出问题，从而达到学习的目的。问答法也有一定的优缺点。

问答法的优点：①培养学生勤于思考、勤于分析问题的习惯。②提高学生的思维能力和解决问题的能力。③唤起学生的有意注意，将思维的目标迅速指向重点、难点、疑点。④有利于说话能力的培养。⑤教师能及时掌握学生的学习情况，从而能根据具体情况及时调整教学进度和教学方法。

问答法的缺点：①不利于系统地传授新知识。②不利于保持知识的完整性。③教师的提问不可能适应班级所有学生，无法照顾个别学生的差异。④一次提问只限于一个学生回答，就很可能造成只有少数学生思考、多数学生处于消极等待的状态。

3. 多媒体辅助教学法

随着互联网网络、多媒体计算机技术的发展，在教学中引入了多媒体辅助教学技术，该技术是以计算机为主体的信息技术。该技术在教育、教学领域中的运用，将导致教学内容、教学手段、教学方法和教学模式的改革，最终引起教育思想和教育观念、教与学的理论的改革。多媒体辅助教学作为一种学习新环境，如果运用得适当，可以解决两个重要的教学问题：一是能促进有效学习，二是能照顾个体差异。新教学环境下的教与学，使得语文教学内容自然生活化、时空立体化，这有助于培养学生的开放性思维、超前性思维、系统性思维、创造性思维等。多媒体辅助教学法也有一定的优缺点。

多媒体辅助教学法的优点：①能超越时间和空间的限制，将内容全面地显示在学生面前。②反映的教学内容直观、形象，有利于扩大学生的视野、拓宽学生的知识面。

多媒体辅助教学法的缺点：①不能用机器代替言语技能的培养，语文教学中使用电化教学，只能作为辅助手段。②如果控制不当就会影响读、写基本功的训练。③教师凭借多媒体课件向学生传播知识，师生之间的交流被声像所干扰，不能立即判断学生理解知识的程度，不易根据学生的学习情况及时调节教学内容。④花费时间较多，且需要一定的物质条件。

（二）初中语文的学法

初中语文的学法主要包括以下方面：

1. 默读法

默读是无声的阅读，默读有助于深入揣摩、理解文章的思想内容。默读法也有一定的优缺点。

默读法的优点：①阅读速度快。②默读有利于思考。③默读是相对独立的个体行为，它可以根据各自的实际情况灵活控制阅读速度、阅读范围，有利于照顾学生的个体差异。

默读法的缺点：①单纯的默读对知识记忆不利，不能单用默读方法去增强记忆。②默读是一项内部的、隐性的精神活动，没有外部标志，因此教师对学生的阅读质量，特别是理解的实际情况无法做出准确判断。

需要指出的是，提高默读速度是默读能力培养的重点。但默读速度正如阅读的深度，也因人而异，所以默读训练也要注意学生的个体差异。

2. 朗读法

朗读是一种阅读方式，是阅读的最基本方式，是眼、口、耳、脑并用的创造性阅读活动。掌握朗读的方法，一般要经历正确清楚的朗读、准确流畅的朗读和传情达意的朗读三个依次递进的阶段。朗读法也存在一定的优缺点。

朗读法的优点：①能够提高对课文的理解能力和鉴别能力。②有利于培养学生的口头表达能力。③能增强作品的感染力，既能使听者如闻其声、如临其境、如见其人，又能使朗读者陶冶性情，开阔胸怀。

朗读法的缺点：①与默读相比，速度较慢，吸收的知识量较少。②因为朗读是一种口、眼、耳、脑等并用的综合活动，它分散了大脑的思维功能，对一些逻辑性较强的文义（像议论文）理解就会造成疏漏，或者出现不够连贯的现象。

3. 讨论法

讨论法是指在教师的组织和指导下，通过师生之间、学生之间的对话形式，相互交流，从而达到教学目的的一种方法。讨论法也有一定的优缺点。

讨论法的优点：①有利于促进学生灵活运用知识、分析问题、解决问题能力的形成。②能有效地调动学生的学习积极性，使学生真正成为学习的主体。③讨论法是参加讨论的全体成员间的多向信息交流。在交流中，师生们发表自己的见解，对各种不同的意见、看法进行比较，相互之间取长补短，从而达到共同提高的目的。这种讨论更容易形成团结、互助的优良风气。

讨论法的缺点：①不利于语文基础知识的传授和基础能力的训练。②容易造成顾点失面的现象，讨论的内容过于集中、单一，会影响其他内容的学习。

需要指出的是，在阅读教学中，在多数情况下，讨论法要与其他方法结合使用，因为讨论法确实会给语文基础知识的传授和读写基本功的培养带来一定影响。所以，即使是完成一篇课文的教学，也不宜只使用讨论法，也应与其他方法配合使用。

4. 练习法

练习法是学生在教师的指导下，通过自己的感官活动，巩固和运用知识，掌握技能，形成能力的方法，它是以学生相对独立的活动为主的学习活动，适用性很广，在听、说、读、写各项能力训练中都要运用这种方法。这种方法也存在一定的优缺点。

练习法的优点：①只有指导学生在课后、在实践中多练习，才能将所学的知识转化为稳定的语文能力。②鼓励学生在社会生活中练习听、说、读、写，这样学生能接触到课堂上难以接触到的新事物，也会遇到难以预料的实际问题，这些都有助于学生创新思维的培养，同时也增强了对社会生活的适应性。

练习法的缺点：①不能传授新知识，多半只能重现已有知识。②练习过多，尤其是记忆性的练习过多，会影响学生综合思考能力的发展。

三、初中语文教学的过程

初中语文教学的过程是指学生在教师的组织和指导下，有目的、有计划地学习课文及语文基础知识，通过听、说、读、写训练，使学生获得语文知识、形成语文能力的过程。

（一）语文教学过程的特点

第一，整体性和局部性的统一。初中语文教学过程的这一特点在阅读教学中表现得尤为明显，在阅读教学中，理解一篇文章的合理顺序应该是"整体-局部-整体"。因为只有从整体上把握了文章作者的感情、思想，文章的内容、形式、特点等，对局部的理解才能做到"高屋建瓴"。

第二，稳定性和变动性的统一。初中语文教学的过程旨在引导学生逐步达到特定目标，这一过程应遵循一定的规律，从而确保教学过程的稳定性。然而，倘若将教学过程视为一成不变的过程，则不免偏颇。实际上，在初中语文教学过程中，由于教学方法、学生知识储备及思维状况等因素的差异，教师须不断研究和探索语文教学，这使得教学过程呈现出一定的变动性。因此，初中语文教学过程实现了稳定性与变动性的有机统一。

（二）课文的一般教学过程

初中语文教学就是以一篇文章为范例，教会学生阅读同一类文章。单篇课文的一般教学过程具体如下：

1. 预习阶段

凡事预则立，所以教师在上课之前一定要做好备课工作，而学生也要预习一下，做好准备，只有这样才能取得良好的教学效果。

（1）预习的作用。第一，对教师而言，可以提前发现学生在学习新课文时的疑难点，加强下一阶段教学的针对性。第二，促使学生养成主动学习的良好习惯，培养自学能力。第三，使学生初步感知教材，掌握大意，理出疑难点等，以便加强听课的针对性。

（2）预习的类型。根据不同预习方式，可以将预习分为不同的类型（表1-1）。

表1-1 预习的类型

分类	类型	内容
预习目标	定向预习	要求学生以课文一个方面的内容作为预习重点，不对课文理解做全面要求
	不定向预习	要求学生对课文做初步、全面的理解，从字、词、句到课文内容、形式的掌握都有所要求
预习时间	课内预习	有利于学生之间的相互交流，有利于教师的指导
	课外预习	有利于学生独立思考能力的充分发挥
预习方法	疏通式预习	要求学生借助工具书，理解生字、新词，能较畅通地阅读课文并初通文义
	质疑式预习	要求学生在预习课文时提出一些有质量的问题，以促使学生在读课文时，学会透过文章的字面意义，理解文章的深层含义

续表

分类	类型	内容
预习内容容量	单篇预习	对单篇课文提前进行预习
	单元预习	在单篇预习的基础上，将单元内的几篇课文做比较，同类文章可找出规律，不同文章可辨别各自的特色

（3）预习指导

第一，预习指导的程序。一般而言，预习程序包括诵读、会意、发疑、小结。

第二，指导学生使用工具书。指导学生使用工具书应做到以下方面：①向学生介绍、推荐常用的字（词）典；②指导学生查阅常用字（词）典的方法；③要求学生养成借助工具书独立阅读文章的良好习惯。

第三，教师适时给学生补充相关知识。在预习课文时，经常会涉及一些相关知识，教师应鼓励学生自己动手查阅相关知识，必要的时候教师要为学生进行讲解，以便学生能够顺利阅读。

第四，指导学生相互质疑问难。在预习时，学生之间的质疑问难，既可以达到互相帮助、交流，共同提高的目的，又能够养成主动学习的习惯。

2. 教读阶段

教读阶段是指教师指导学生在预习的基础上全面深入地理解课文，解决在预习中不能独立解决的疑难问题，是传授读书方法、培养阅读能力的阶段。教读阶段一般有下列八个环节：指导理解文章标题、介绍作家和时代背景等相关知识、文学教学、词汇教学、句子教学、段落教学、求旨教学、篇章教学。

3. 复习、巩固阶段

复习、巩固阶段要复习、巩固前两个阶段所学习的知识，并将知识转化为能力。通常来说，复习、巩固主要有以下环节：熟练课文、增强记忆；整理归纳、掌握规律；指导运用、形成技能。

第四节　双减政策下的初中语文教学

2021 年中共中央办公厅和国务院办公厅印发《关于进一步减轻义务教育阶段学生作业负担和校外培训负担的意见》，督促全国各地区教育机关部门落实执行相关政策。在新时代发展形势下，学生为满足时代需求，需要学习的内容越来越多，面临的学习压力也越来越大，在学校和家长的多方面压力之下，同时校内校外也没有放松身心和提升自己的时间、空间，如此状态下的学生就被迫越来越"努力"，而在繁重的学习压力下，学生的身心健康必然会面临许多危害。"双减"政策的推出旨在着力减轻学生学习负担，削减和规范校外培训行为，而校内校外同发力，就能多方面减轻学生的学习压力负担，提升学校教学质量，保障学生身心健康，推动学生全面健康发展。

"初中语文作为初中教育科目中的重要基础课程，知识面涉及广泛，学生可在初中阶段学习和掌握的内容也十分广泛，语文核心素养的培养对学生个人的全面发展具有不可替代的重要意义，初中语文课时在学生的初中课程安排中也理所应当地占据大量篇幅。"[①] 在"双减"政策的督促贯彻执行下，学校逐步响应政策需要，对教师教学提出了教学优化要求，初中语文教师也应当在此契机下抓住语文教育发展的方向，摒弃传统教学理念和教学方法中的落后成分，提升初中语文课堂的教学质量，高效高质地提升学生的语文核心素养，培养学生的综合素质和学习能力。"双减"政策背景下初中语文教学改革策略具体如下：

一、创设教学氛围，构建情境化语文课堂

随着"双减"政策的实施，时间有限的初中语文课堂要想做到提质增效，首先需要优化课堂教学氛围，以实际生活创造情境，引导学生走入语文课堂，让学生在实际情境中欣赏语言文字的魅力，促使学生展现对语文学习的浓厚兴趣，主动沉浸到课堂教学之中；同时让学生在符合课堂内容的情境氛围内积极参与语文

---

① 郑静."双减"政策下的初中语文教学策略［J］. 试题与研究，2023（34）：146.

的深入感悟，这样的语文教学既给学生留下深刻印象，又提升了学生语文学习效率。例如，在《济南的冬天》一文的教学时，学生可能觉得散文学习枯燥无味，难以集中注意力进行课堂学习。教师可以围绕课文内容创造教学情境，向学生展示老舍的生平经历，应特别强调与济南相关的生活阶段，接着鼓励学生讲述自己在冬天看到的美景与自己对于冬天的情感体验。如果有学生去过济南，还可以让他们讲述对济南的印象以及他们对济南的真实情感。然后带领学生品读课文。在读到相关文段时向学生展示相应的济南冬天的场景，让学生图文并茂地欣赏散文的语言，在教师创造的情境中感受作者的真情实感就能融入良好的教学氛围，沉浸地学习语文，感受到语文的魅力。通过这种生活化、情境化营造的教学氛围，初中语文课堂就能达到传统教学方法无法实现的事半功倍的效果，同时做到减负与增效两个目标，有效提升学生的学习效率和学习效果。

二、关注基础能力，培养学生的语言能力

在语言学习的过程中，语言建构是一项至关重要的技能。学习语言的本质在于表达，能够以条理清晰、逻辑严谨的方式展现深刻的内涵，这是语言学习的核心目标。初中语文学科的学习也不例外，熟练掌握语言建构技巧对于促进学生语文学习至关重要。

例如，在《使至塞上》的教学中，这首边塞诗描绘了作者王维在出使边塞的旅程中见到的壮阔雄伟的塞外风光，既有诗人由于仕途惨遭排挤而生出的孤寂伤感，又有在大漠壮阔风景激发下的慷慨豁达。这首诗展现的阔大的意境、雄奇的风景、豁达慷慨的情怀无一不令人受到震撼。在初中语文课堂教学中，教师在讲解完诗歌的基本内容、初步赏析了其中蕴含的情感之后，可以让学生把这首诗描绘的画面自主编写成一篇小短文，引导学生在写作中充分融合自己的想象而不是单纯地翻译诗歌；学生结合原诗构建的雄浑意境，就能独立完成文章的写作。通过这一结合诗句创作的课堂写作教学形式，引导学生自主完整地构建语言，也让学生完成了整体文章的表达，提升语文写作能力。总之，学生在这样的写作过程中能够深入感受语言，切实应用语言，潜移默化地提升自身的语言建构能力，培养语文学习的核心素养，提升课堂教学效率效果。

三、深化阅读认知，创新语文的阅读模式

文章阅读是语文学习的核心环节，提升阅读能力是初中语文教育的必备课题，这是学生在语文课堂中必须掌握的技能。培养高水平的阅读能力，有助于学生实现高效阅读，迅速从文段中提取有效信息，进而提升语文课堂的效益和成果，对于学生个人未来的全面发展具有重要意义。语文阅读文章富含深刻的思辨性，通过阅读，学生可以从文字中获取丰富信息，逐步形成独立思考的能力。在阅读教学中，教师应发挥引导作用，提出问题，引导学生带着问题进行阅读，以提高学生的阅读效率和独立思辨能力，并树立正确的价值观。如在《社戏》一文的阅读教学中，文章描述了主人公与朋友回平桥村途中偷罗汉豆的情节，尽管隔天白天大人并未责怪他们，反而还赠送了罗汉豆，但我们仍须引导学生认识到"偷"行为的不当之处。教师可引导学生思考文章中偷窃行为未受惩罚的原因，培养学生具备理性思维和思辨能力，使他们在阅读文章时能独立思考，具备分析和解读文段的能力。

四、放宽教学环境，引导开放性自由思考

初中语文应当培养学生自由思考的能力和开放性的思维，因为学生学会自主思考能够提升初中语文的学习效率。为了提升学生的思维能力和提高初中语文教学效率，教师可以着手创建较为开放的教学环境，拓宽学生的思维空间，比如可以设计开放性问题引发学生自主思考，还可以开展小组合作解决一些开放性的探究问题。例如，在《智取生辰纲》的教学中，教师可以提出开放性问题让学生代入文章角色，思考如果是自己会怎样获取生辰纲；还可以分小组探讨在原文的这种获取方法中有哪些必须具备的条件，如果没有这样天时地利人和的情况，会出现什么样的后果等。总之，让学生在课堂中开放性思考，各抒己见，鼓励学生思想多元化发展，就能提升学生的独立思考和表达能力，提升课堂教学效率。

五、了解信息技术，采用现代化教学手段

我们正处在信息技术迅猛发展与应用的时代，互联网技术日臻成熟，逐步渗透至生活的各领域。各类多媒体设备和互联网技术逐渐进入课堂，助力语文教育

教学。在我国"双减"政策的指导下，教育部正大力整合全国优质教育资源，推动微课教学，构建免费线上学习平台。初中语文教学得以充分利用现有信息技术设备，实现课堂教学模式的优化。教师可运用微课视频整合授课课件，在课堂上播放微课视频，以声画并茂的方式引导学生认知理解课堂内容。以《岳阳楼记》教学为例，教师可在学生通读文章后播放相关视频，让学生全方位感受岳阳楼及其周边的壮丽景色，从而激发学生的学习兴趣，提高课堂参与度，深化对文章情感的领悟，提升学习效率。如此一来，便能以轻松愉悦的方式实现减负提质的目标。

六、优化作业设置，合理设计课后作业

目前，"双减"政策明确提出要全面减轻学生的作业总量和时长，从而从作业方面为学生减负，提醒教师要重视作业的质量而不是数量，合理设计学生的课后作业。教师可丰富作业的设计形式，增加作业的趣味性、实践性。例如在讲授《春》一课时，教师可以在设计作业时加入绘画的形式，让学生自行整理本文的思维导图，综合散文文段内容加入绘画，用画图的方式自行梳理文章思维结构、复述文章内容。在绘图过程中，学生能对课文内容留下深刻印象，在兴趣驱动下主动思考探究文章，理解文章情感。丰富作业设计的形式，优化作业设计能有效做到作业方面的减负提效，真正落实"双减"政策目标要求。

综上所述，在我国教育与时俱进的背景下，"双减"政策的推行使得初中语文学科的优化成为必然。教师应在变革浪潮中率先明晰自身职责，积极回应教育发展需求，从而提升教学品质，激发学生对语文的热爱，提高学习成效。这既是对学生学业成果的担当，也是对学生学科素养的培育，从而确保学生全面成长。

第二章 初中语文教学内容体系与重构

第一节 初中语文识字与写字教学

语文课要培养学生的语感，发展学生的思维，加强学生的语言积累，使学生养成良好的学习习惯，掌握学习语文的基本方法。语文教学的主要内容包括阅读能力、写作能力、口语交际能力和识字写字能力。由此可见，要培养学生正确运用祖国语言文字的能力，必须重视识字与写字的教学。

对于汉字在中国学生发展核心素养中的地位和价值，核心素养有如下相关表述：要培养学生习得人文、科学等各领域的知识和技能。文化是一个人、一个民族存在的根和魂。具有宽厚的文化基础，追求高尚的精神境界、追求真善美的统一，才能发展成为有宽厚文化基础和更高精神追求的人，这样的学生，尊重中华民族的优秀文明成果，能传播弘扬中华优秀传统文化和社会主义先进文化，他们具有国家意识、了解国情历史、认同国民身份，能自觉捍卫国家主权、尊严和利益，具有文化自信。

语文课程要贯彻落实"核心素养"，从课程标准与核心素养对于我国优秀传统文化的表述来看，二者是一致的、是高度统一的。那么，怎样在具体的微观识字与写字的教学中体现我们文化的传承性，在学生扎实把握汉字这个语文学科中的基础工具的同时，又感悟、体会到我们中华民族优秀的传统文化，达到语文工具性与人文性的和谐统一。其主要体现在以下几方面：

第一，从字源学角度进行识字与写字教学。探究汉字的意义，从字源学的角度来看，关键在于对汉字字形的深入剖析。通过分析常用汉字的字形，并对其进行解读，我们可以揭示这些汉字古今含义之间的联系，以及它们所表达的各种意义的内在关联。为此，本篇文章提供了丰富的资料，以协助读者进一步探索单个汉字的深刻内涵。

第二，语文阅读教学中加强汉字书写训练。首先，把过去的"字词积累""学一学，用一用"等栏目统一改为"读读写写"。过去的"字词积累"改为"读读写写"对学生的行为方式进行了规范，要从两个方面去积累字词：一是读，二是写。读，就要读准字音；写，就要写对字形；不仅要写对，还要写好。其次，把过去"字词积累"中的汉字由印刷体改为手写体，并且是规范美观的正楷字，同时在汉字的后面印制田字格，这是一个非常正确的方向性引导。把印刷体改为手写体，需要积累的汉字就有了生命，有了活力，一股暖人的力量扑面而来，教师和学生看到优美的手写体的汉字，自然就产生了亲近感，识字与写字的活动就具有了很强的人文色彩。

第三，在语文识字与写字教学环节开设书法课。书法课的具体内容应该是写好字、临摹名家书法。首先要写好毛笔楷书，包括正楷与行楷。给学生提供优质的字帖，指导学生临摹。在学习楷书的基础之上，学习赏析名家的隶书、行书、篆书和草书。书法课要上出层次，对不同的学生可以有不同要求。学习毛笔正楷与行楷，是对所有学生的统一要求。其次有兴趣、有余力的学生，可以临摹、欣赏名家的行书、篆书和草书。学习的范本是字帖，楷书可以使用唐楷颜真卿字体；欣赏名家书法，可以包括王羲之的《兰亭集序》《曹全碑》、黄庭坚草书代表作品等。

第二节　初中语文口语交际教学

一、初中语文口语交际教学的元素表达

（一）"字"的表达

方块汉字是世界上一种十分古老又特别的文字，是中华民族的伟大创造。在运用汉语进行表达时必须掌握好汉字。文字是人类社会发展到一定阶段的产物。而汉字起源于图画与契刻。在人类文字出现之前，人们普遍采用实物和图画以记事和传信。图画记事，是用线条来表示事物，记事的图画经过长期演变，可以形

成图画文字，再经过长期使用，图画文字的形体、读音和意义比较稳定了，就产生了象形文字。汉字中的数字当来源于契刻，古代计数使用结绳和契刻两种方法。契刻有书写的特征，契刻的线条可能发展为原始的数字。

记录语言是文字的共同性质，每一种语言都有一个由若干音素、音节组成的语音系统和由语素、词组成的词汇系统，都可以用符号去记录它。根据记录语言的途径及记录语言符号的性质，世界上的各种文字大致可以分为两类：表音文字和表意文字。表音文字通过为音位或音节制定的符号来记录语音，这些符号仅与声音联系，与语言的意义无关。

在任何一种语言中，音节和音素数量都是有限的，因此，表音文字所使用的字母也相对较少。掌握这些字母及拼写规则，便足以拼写和阅读该种语言。表意文字则通过特定象征性符号的组合，表达语素和词的意义，从而记录语言的语素和词汇。在古代汉语中，单音节词占主导地位，通常情况下，一个汉字对应一个语素，也是一个词。而在现代汉语中，双音节词占据优势，通常情况下，一个汉字对应一个语素，但并不一定对应一个词。

1. "字"的形体演变

汉字有着悠久的历史，在长期发展中，其形体不断发生着变化。从汉字的形体发展来看，主要包括以下类型：

（1）古文

第一，甲骨文。甲骨文是刻写在龟甲兽骨上的，多用来记录占卜的内容。甲骨文是迄今为止已发现的、最早的、成熟的汉字体系。汉字的各种构成原则在甲骨文中已有充分的体现。甲骨文是用刀刻在龟甲或兽骨上的，所以，笔形是细瘦的线条，拐弯多是方笔，外形参差不齐，结体大小不一。又因为文字尚未统一，许多字可以正写、反写，笔画繁简不一，偏旁不固定，异体字较多。行文的程序不统一，有的从左至右写，有的从右至左写，有的在竖写款式中插入横写。

第二，金文。金文，即铸或刻于商周时期青铜器上的古代文字，因商周时期将铜称为金，故得此名。青铜器中，钟和鼎最为常见，因此金文又有"钟鼎文"之称。古代镂刻被称为"铭"，故金文亦称"铭文"。金文的最早实例可追溯至商代中期，其主要用途为记载铜器名称、物主姓名及工匠名号，篇幅一般仅两三个字，最长者也不过50字。金文源于甲骨文，两者在形体上相近，但金文形体并不固定，同一字存在多种写法，亦有合体字出现。值得注意的是，金文中形声字所占比例较甲骨文有所增加，而合文现象则相对减少。在字体方面，金文较多采用圆笔，线条流畅自然，字形逐渐规整，展现出一定的书法之美。

（2）今文

第一，隶书。隶书是经过简化、草化篆书演变而来的一种汉字形体。隶书到汉代得到极广泛的应用，成为官方正式认可的文字。隶书变小篆弧形圆转的线条为平直的方折笔画，隶书以扁形的方块汉字代替了小篆长圆的方块字。隶书比小篆的笔画大量减少，彻底排除了图画的成分，变成单纯的书写符号。隶书删繁就简，变连为断，偏旁部首可以变通，书写速度加快，是汉字形体的一次大变革。

第二，草书。甲骨文、金文、隶书、楷书均为历史特定时期正式使用的文字，而草书、行书等则始终扮演辅助性字体的角色。草书起源于西汉，为隶书的草写体，当时称为"隶草"。东汉章帝时期，草书盛行，并被称为"章草"。自东晋以后，草书演变成为"今草"，其源于章草。今草的字形连绵不断，气韵贯通，笔画为楷书化的草写，无章草的波磔特点。其笔画连写、省略较多，书写简便迅速，但辨识度较低。

第三，行书。行书产生于东汉末年，由楷书变化而来，盛行于晋。一般称接近楷书的行书为行楷，称接近草书的行书为行草。行书行楷不拘，笔画连绵，各字独立，成为魏晋以后日常运用的主要字体。行书毕竟有些草率，未能代替楷书成为正式的书写文字。

（3）现行汉字

第一，现行汉字常用字体。现行汉字经常运用楷书和行书，国家正式发布的文件和一般的报刊、书籍都是用楷书，日常书写中一般都采用行书。在印章、对联、匾额以及文章的标题等特殊场合，有时也运用隶书、篆书、草书，还可以用金文、甲骨文。书法艺术作品，各种形体都可以运用。

第二，印刷体。汉字的印刷体是指印刷上常用的楷书的各种变体，其特点是规整端正，笔画清晰，结构匀称。印刷体又可分不同的字体和字号：①宋体是最通用的印刷字体，笔画横细竖粗，形体方正严谨，又叫老宋体、古宋体、灯笼体；②仿宋体的笔画不分粗细，形体方正秀丽，讲究顿笔，又叫作真宋体；③楷体的笔画不分粗细，形体端正，近于手写楷书；④黑体的笔画粗重，形体浓黑醒目，又叫黑头字、方头字、方体字。"印刷体按字体大小不同，分成不同的字号，常用的字号从大到小有初号、一号、二号、三号、四号、小四号（新四号）、五号、小五号（新五号）、六号、七号"。

第三，手写体。手写体，即以手执笔直接书写的汉字，通常采用行书，部分为楷书或草书。根据所用书写工具之差异，手写体可分为软笔字和硬笔字。软笔字系指运用传统毛笔或其他类似毛笔的软笔书写的字；而硬笔字则包括钢笔、圆珠笔及铅笔等书写的硬质笔画的字。

2."字"的正确使用

（1）规范掌握"字"。在使用汉字时，要根据《简化汉字总表》《第一批异体字整理表》《印刷通用汉字字形表》等对汉字形体的规定，统一汉字规范的字形。其中，要注意正确使用简体字，主要包括以下方面：

第一，秉持规范使用简体字的原则，除特定场合可以使用繁体字外，杜绝繁体字的运用。对于已简化的字形，务必严格遵守相关规定，不得随意变动。尽管简化字源于民间，但其运用须保持相对稳定性，禁止基于个人需求而擅自创造简体字。

第二，注意简化字与繁体字之间的对应关系。有的字虽然字形相同，但因原来就有两种读音和两种意义，这时就要注意分清：简化的是哪一种读音和意义上的字，未简化的是哪一种读音和意义上的字，不可相互混淆。

第三，注意偏旁类推简化的范围和掌握"识繁用简"的原则。写字要用规范的简体字，但不意味着繁体字毫无价值，古代典籍都是用繁体字记录下来的，要阅读和利用，不认识繁体字是不行的。因此，要做到用简识繁，使用简体字，认识繁体字。

（2）纠正错别"字"。写错别字包括写错字和别字。错字指把某字笔画写错，写得不成字；别字，指把甲字写成了乙字。每一个汉字都是形、音、义的结合体，如果认真从字形、字音、字义方面多加练习，可以有效地纠正错别字现象。

第一，分辨字形。汉字中，部分笔画差异微小，须仔细辨认，以免书写错误。形声字在汉字中占据绝大多数，其形旁与字义密切相关。在运用汉字时，精细分辨形旁，便能避免误写某些字。尽管形声字的声旁表音功能有所减弱，但与字的读音仍存在一定关联。因此，掌握声旁的分辨方法，有助于正确识别字形。

第二，了解字义。汉字是一种表意文字，到现代，不少字的字形仍然与字义有关。了解字义对纠正错别字有帮助。

第三，注意字音。读字时发音错误，称为读白字，这也是错别字的一种表现。有时，读音错误甚至可能导致书写错误。汉字并非拼音文字，仅通过观察字形无法准确把握读音。尽管形声字在汉字中占据较大比例，但由于文字演变，声旁表音现象变得复杂，若机械地依据声旁读字，容易出现读白字的情况。因此，还需熟练掌握多音字，并了解其在不同场合下的不同读音，以防误读。

(二)"词"的表达

词汇是说话、演讲、写文章的基础，只有掌握丰富的词汇，才能提高分析、鉴赏和运用语言的能力，才能提高说话或写文章的水平。

1."词"的意义

(1) 单义词与多义词。单义词是指只有一项词义的词。其中有的是表示人名、地名、国名等专门的名词；有的是表示人、事物的一般名称；有的是表示人称数量的词。一般而言，汉语词汇中单义词的数量较少，大量存在着的是多义词。多义词是指具有两项或两项以上词义的词。汉语里大多数词都具有多义性；凡是历史长久、使用比较频繁的词，词义也就比较多。

随着社会的发展变化，词义在语言运用中也处于不断发展变化的状态。词义的变化，最明显的表现就是促成词的多义性，使词的意义更加丰富，并且由于一个词的多义性分解，又可以产生出新词。可见，多义词是语言运用的产物，是词义发展变化的结果。

多义词的各项意义之间互有联系，有的直接，有的间接，有的密切，有的疏远。这些差异，使诸项意义既互有联系又彼此独立。一般而言，多义词的意义包括本义和转义两种。其中，本义是最主要最常见的意义。在词典中，第一个注释的词义一般是本义；在运用中，本义一般也是较常用、最明显、人们较容易想到的词义。

本义不一定是最初的意义。转义是从本义发展衍生出来的意义；引申义是指由词的本义推广、扩大而产生的词义；比喻义就是通过用本义打比方的办法形成的意义。比喻义用本义的某些形象特征来打比方，具有较强的表现力。多义词虽然有多项意义，但它的诸项意义只在相对静止的条件下并存，例如在词典中；在语言运用中，由于有具体明确的上下文，词义在每一次使用时，其意义是单一的，即只有一个意义。所以，词在静态下的多义性，并不影响人们的运用和理解。

（2）同义词与反义词

第一，同义词。在各类词汇中，存在一些词彼此在语义上具有相似性或基本相同，我们将这样一组词称为同义词。尽管这些同义词在表达意义上存在一定的共性，但它们并非完全等同，甚至在表达大致相同含义的过程中，也会呈现出各个角度的微小差异。因此，在实际运用中，我们需要仔细分辨并准确选择。从构成语素的角度来看，同义词可分为三类：一是构成语素完全相同，仅顺序不同；二是构成语素部分相同；三是构成语素完全不同。同义词的作用在于准确、细腻地传达情感和意义。在语言表达中，大量存在表意基本相同且具有细微差别的同义词，使得表达手段丰富多样，为人们精准、贴切、精细地传达意义创造了条件。因此，恰当选择同义词不仅能使表达更为精确、情感丰富，还能避免语言重复，使表达更具变化和生动性。

第二，反义词。反义词是指那些意思相对或相反的词。反义词一般是同词性的。汉语中反义词首先以形容词为多；其次是动词和名词。在语言运用中，并不是每个词都有反义词，例如，表示事物的一些词，"桌子、椅子、麦子"等就没有反义词；另外，也不是所有的对立意义都用反义词形式表达，例如"好"，反义词是"坏"，如果说成"不好"，就只是否定表达形式，即"不好"只是"好"的否定，不是它的反义词。多义词各个义项的反义关系比较复杂，不像单义词的反义词，总是一对一的。多义词的各个义项由于意义侧重点不同，有不同的反义词。反义词有鲜明的对立联想作用。在语言运用中，反义词互相映衬，有助于揭示事物的矛盾，深入展现事物的特点，给人留下深刻印象。此外，反义词还可以构成概括性强而又鲜明生动的词和成语。

2."词"的构成

（1）"词"的语素。词是由语素构成的。语素是有意义的最小的构词单位。语素的主要作用是构词。语素有单音节的，也有多音节的。有的语素虽没有词汇的意义，但却具有语法意义。语素都有意义，而且不论是单音节的还是多音节的语素，都不可再进行划分。

（2）"词"的附加与重叠。附加法，即在表示词汇意义的语素上附加表示语法意义或感情色彩的语素。其中又有前附加式和后附加式的差别。前附加式即在表示词汇意义的语素之前加上附加成分；后附加式即在表示词汇意义的语素之后加上附加成分。此外，还有后附加成分是一个叠音词缀的。重叠法，即重叠某个有词汇意义的音节的方法。

3. "词"的词语

语言实践对词语的运用提出了很高的要求，或准确妥帖，或鲜明生动，或简洁精练，或多方照应。为了达到这些要求，必须注意以下方面：

（1）注意词语意义的辨识，尤其是同义词之间的细微差别。辨识的途径包括识别不同义项、衡量语义轻重、掌握范围大小、明确使用对象以及区分词语色彩等各个方面。

（2）注意语体色彩。有些同义词，其语体色彩不尽相同；有的具有口语色彩；有的具有书面语色彩；有的介于口语、书面语之间。口语色彩的词多用于日常口语，比较通俗、平易，具有浓郁的生活气息。书面语色彩的词，一般经过一定的加工，显得文雅、庄重。

（3）关注语义变化。部分词汇本身不含情感色彩，但在特定语境下可临时赋予其情感属性。

（4）注意音调和谐。恰当的音节搭配能够使音节和音步均衡、稳定，富有节奏感，带给人整齐和谐的美感。通常，单音节与单音节、双音节与双音节、多音节与多音节相互搭配，使得音节相互对应。因此，阅读起来具有强烈的节奏感。在意思相近的词语中，具有单音节、双音节和多音节形式，使用时应根据上下文选择，尽量选用双音节和四音节的词语。汉语词语倾向于双音节和四音节化，这种音节结构整齐且有节奏感。在汉语词汇中，绝大多数成语为四个音节，部分词语亦向双音节和四音节发展。平仄为声调的进一步分类，古典韵文对平仄要求严谨，现代散文相对宽松，但仍须注意一句之内平仄相间、对应句中平仄相对的搭配，从而使语音抑扬顿挫、优美和谐、铿锵有力。古代诗词在押韵方面要求严格，现代诗歌虽较为自由，但押韵仍十分讲究。除诗歌等韵文外，非韵文通常不押韵，有时抒情散文为提升文采亦会刻意追求韵脚。

（5）注意词语规范。现代汉语词汇，从古汉语词汇、方言词汇、外来语词汇、行业语词汇中吸取了有表现力的词语，还随着社会的变化在不断产生新词。词汇是汉语言中变化最快的，既要看到词汇的发展，又要对词汇加以规范。

古语词是现代汉语词汇系统中的那些从古、近代汉语中吸收的有生命力有表现力的书面语词汇。这些词语比较生僻，使用时一定要弄清意义。文言词语具有典雅含蓄的特点，可用在一些正式场合的书面语中，使表达庄重凝练；也可用在一些杂文中，传达出一种幽默讽刺的意味。但是运用古语词也要注意场合和风格，有必要才用；要避免文白夹杂的毛病，否则就不协调、不自然、不规范。

在表达中，巧妙妥帖地使用一些方言词，极为生动形象，充满浓郁的生活气息。运用方言词，要注意其通行的范围，只有经过广泛的语言运用的认可，才能真正成为普通话中的一员。如果使用范围太狭小，就不符合规范化要求。如有些方言用在地方性报刊很好，但如果用于全国性报刊就不太合适。

外来词，又称借词，是指某一民族语言从其他民族语言中吸收的词汇。当外族词汇进入汉语，只要其在语音、词义、词构等方面符合汉语系统规律，实现汉民族化，且满足汉语实际需求并具有广泛应用范围，便可立足于汉语词汇体系，成为其有机组成部分。诸如"葡萄"和"玻璃"等词已完全汉化，外来词痕迹难以察觉。而"沙发""咖啡""拷贝"和"可口可乐"等词，尽管具有显著的外来词特征，但汉语确实需要，因此亦属规范之列。此外，部分外来词因从不同时期或不同地区音译而来，导致同一含义存在多种书写形式，如"巧克力"与"朱古力"等，应对其从词典规范的角度予以统一。

行业语词汇是某一行业或专业内运用的词汇，行业语的范围相当广泛，各个行业的词汇都具有特定的专业性，行外的人不能或不完全能理解。但有的行业语，在与社会广泛发生关系的过程中逐渐扩大了使用范围，最后超越本行业范围，成为规范的普通话词汇。运用行业语，也要注意其通行范围，专业性过强、缺乏普遍性的行业语词不宜在非专业场合使用。因为行外人难以把握其特定的意义，如果随意使用，会造成理解上的障碍，影响表达效果。

普通话词汇的规范性需首先满足全民交际需求，而部分行业术语在普通话中并无对应词汇，如生态、磁疗、水平、反射、利率、市场、销路、规格、订货等。另外，部分单义专业词汇已转变为多义词，如温床、透视、萌芽、腐蚀、提炼、废品、龙套、背景等。以"温床"为例，该词原为农艺行业术语，指植物生长发育之地，随后派生出转义，泛指培育事物发生、发展的场所，因其转义而成为普通话词汇。

4. "词"的熟语

在汉语里，有一些为人们所经常使用的固定词组，已成为语言的建筑材料，即词汇的组成部分，可统称为熟语。熟语主要包括以下方面：

（1）成语。成语是人们长期相沿习用、具有书面语色彩、多呈四字格形式的一种固定词组。成语作为一种特殊语汇，具有多方面的特点，主要表现为在结构上具有定型性，表意上具有整体性。

成语结构的定型性，主要是指成语的内部结构比较稳定。在语言运用中，除了成语合乎规律的演变或修辞性的活用外，成语的内部成分一般不能随意变换，其构成成分的顺序也不能随意改动。因为，成语是人们长期以来所相沿习用的，具有约定俗成性；另外它的来源有特定的背景，如果随意改变，就会失去成语所表示的特定含义，从而失去成语的身份。

四音节格式是成语的典型格式，有些少于四字的成语，被补足成四字。如"少见多怪"是从"少所见，多所怪"简化而来；"车水马龙"由"车如流水，马如游龙"简缩而成。四字格成语可分为二二两段，内部结构与复合法构词相似。成语也有非四字格的，但数量很少。

成语在表意上的类型包括：①形容义，即通过描写事物的情状来表情达意；②引申义，即在原义的基础上引而深之、扩而大之；③比喻义，借打比方的方式表意；④直言义，即意义与字面意义一致。

有效掌握成语可利用文化背景知识。汉语中大量的成语都具有特定的文化背景，如果系统地把握相关的背景知识，就能大批量地掌握一些成语。例如，一些成语来源于古代寓言故事，这些寓言故事大多记载在《列子》《战国策》《韩非子》《荀子》《左传》《史记》《汉书》等典籍之中，其中许多寓言都有成语的概括形式，把握了这些寓言故事，自然也就把握了这些成语。要利用成语间同义、近义、反义的联系，举一反三地掌握成语。

此外，可借助成套的固定格式掌握成语。使用成语，必须抓住意义上的整体性和结构上的定型性这两个特点来了解成语的实际含义，不能望文生义。还要注意不要写错字，不要读错音。成语读音比较难，除了有些多音字选择正确读音外，还有古汉语残留的一些特殊读音。

（2）谚语。谚语，作为一种口头传承的固定语句，深刻反映了自然和社会规律，生动展现了人们的实践经验。经过长期的口耳相传和大众修饰，谚语不仅词句优美、简洁明了，而且通俗易懂、内涵丰富，给人以深刻的启示。

谚语与成语皆具有深厚的寓意，然而谚语为口头语言，可独立成句，而成语则多为四字书面表达，形式相对固定。相较于成语，谚语的形式更为灵活多变，富有生动性。同一条谚语，可以有多种表达方式。在内容、形式、风格及表现手法上，谚语呈现出一系列独特之处，如经验性、思想性、艺术性等。经验性体现在谚语是对人们生产或生活经验的总结，它必然会反映政治、经济生活、自然社会环境、特定典章制度、心理倾向以及文学艺术等文化内容，展现出特定社会的价值观、心理取向和各种经验。此外，许多谚语还与山水名胜、地方特色、传统节令等紧密相关。思想性则指谚语中蕴含的朴素真理和智慧光芒。这些谚语富有哲学性，言简意赅，寓意深远，引人深思，耐人寻味，给人以极大的启示。

（3）惯用语。惯用语，作为一种在表意上具备整体性、结构上具有定型性的习用词组，形式多为三音节。然而，其意义并非构词意义的简单相加，而是通过引申、比喻等手段产生的新义。尽管惯用语的形式相对固定，但在实际运用中，内部成分可根据表达需求进行灵活调整，既能保持三音节形式，也可呈现多音节表达，甚至在必要时可更换其中成分。在不同语境下，惯用语的内部结构得以适应性地调整，以满足表达需求。

（三）"句"的表达

从语言表达的角度看，词和词组只是备用单位，句子才是使用单位。人们交流思想、传达信息，不仅要尽量表达得准确无误、清楚明白，还要生动形象、妥帖鲜明，尽可能给人以深刻印象。所以一方面要运用好句子，提高语言表达能力；另一方面要配合好非语言因素，组织好句子和挑选好句式。这就必须讲究句法和修辞。

1. "句"的正确组织

要正确地组织句子，必须注意各种句子成分的完整，要关注句子成分之间的搭配，常见的语病就出在这两方面。如有的句子主语残缺，有的句子谓语残缺，有的句子宾语残缺。有些动词谓语要求带名词性宾语，但如果宾语前定语太长，把宾语中心词丢失，则会造成宾语残缺。

除成分残缺外，常见语病还有搭配不当等。如主谓搭配不当；联合词组充当主语和谓语时，主语和谓语的搭配更应全面考虑，以免顾此失彼，造成主谓搭配不当。又如，要注意宾语与谓语及主语的搭配；宾语是谓语动词关涉的对象，两者必须互相搭配得当，否则，就会出现语病。

2. "句"的恰当选择

在运用语言时要挑选好恰当的句式，如果句式运用不当，会使表达效果减弱。挑选句式的问题，实际上是组句成段的问题，要注意的是句子与句子之间的配合。以下是某些句式选择中出现的问题：

（1）句式搭配不当。在语言运用过程中，我们有时会采用一组结构整齐、语气协调的句子来表达意义，以实现更好的沟通效果。然而，若不顾语境需求，随意使用不协调的句式，便会引发句式搭配不适的问题。

（2）句序不当。在表达中，句子之间的先后顺序应该按照一般的逻辑事理顺序进行排列，如果缺乏这种意识，表达时不清楚，必然句序混乱，从而影响表意的完整贯通。

（3）句义不顺。在语言运用过程中，为确保将核心观点完整、明确地呈现出来，各项表述需遵循同一中心思路展开。若偏离主题，或混淆句子意义、或任意改变叙述视角，都将导致表达受阻，影响语义的连贯性。

二、初中语文口语交际教学的对策方法

（一）不断积累语言知识

语文核心素养中"语言的建构与运用"形成的前提条件就是语言基础知识的积累。因此，在口语交际教学中，可引导学生加强语文基础知识的学习并扩大学

生的阅读量，重视词汇、语法等语言规则体系的运用；渗透性、实践性地引导学生运用规范的语言基础知识，为学生口语交际能力和核心素养的发展奠定基础。

古诗词的语言往往精妙简练，易于诵读和记忆。阅读和背诵古诗词对于学生培养语感、丰富语言积累、建构语言机制发挥着积极作用，而课外文学经典阅读则对提高学生基本文化素养和良好的语言认知背景也有着重要作用。教师在口语交际教学过程中，应使学生在阅读和交流中体验文字的魅力、感悟语言的美妙，挖掘文本的深层含义，"在认同、欣赏、思考、质疑的过程中，把阅读效能延伸到倾吐表达的运用中，最终强化和优化自身的语言运用能力"[①]。

（二）强化多元思维训练

口语交流的瞬时性和交互性特点要求参与者具备优秀的思维能力，我国语文核心素养的培育亦强调激发学生思维潜能。因此，教育者须引导学子掌握各类思维技巧，并在言语实践中实现整合性与创新性的运用。深化思维锻炼是提升口语交流能力与培育核心素养的关键途径。口语交流教学的思维训练，可以全方位地加强思维能力的培育；通过要求学生对特定话题发表观点，迅速组织语言并明确表达立场与观点，使学生在认同与批判辨析的过程中得到启发，思维逐渐呈现网状发展，并向深处探索，交流过程中展现出独特且深刻的见解。此外，教师可在日常教学中融入思维训练，贯穿课前、课中、课后各个教学环节及活动，通过精心的主题设置和巧妙的问题设计，引导学生掌握多元化的思维方法。

第三节 初中语文阅读教学解读

语文阅读是语文学习的重要组成部分，是学生开阔视野、培养语感和思维能力的重要手段。如何充分发挥阅读课的教学功能，使学生养成良好的阅读习惯是课型模式探讨中值得注意的问题。

---

① 朱雪荣. 口语交际教学策略初探 [J]. 读写算（教育教学研究），2011（48）：208.

一、初中语文阅读教学的方法

（一）阅读教学方法的内容

初中语文阅读教学方法十分多样，根据不同的标准可以对其进行不同的分类。总体而言，在初中语文阅读教学中常见的教学方法有问答法、讨论法、情境教学法等，这些方法是常用的阅读方法。

1. 问答法

问答法也被称为谈话法、提问法，是一种以师生互动、生生互动为主要形式的教学方法。

问答法的优点首先是这种教学方法更加有利于调动学生的积极性，能够培养学生主动学习和积极思考的好习惯，同时能锻炼与提高学生的对话能力。其次，问答法还能够帮助教师及时获取信息，得到教学反馈，以便及时调整教学内容，从而改善语文阅读的教学质量。但是，问答法也有不足之处，即不利于系统地传授阅读知识，实施起来也比较花费时间。

在运用问答法教学时，教师主要考虑的问题是如何设计好问题，问什么、怎么问，都需要教师细心考虑与反复斟酌。首先，在提问时要明确提问的目的，提出的问题要具有思考价值，问题不能脱离教学实际。其次，问题的数量要适中，避免"满堂问"。再次，要把握提问的时机，包括发问与解决问题的时机。这是为了让问题与学生的思维实现同步。如果发问过早，会让学生跟不上教师的思路；如果过晚，则无法发挥问题的作用。解决问题也是一样的道理。最后，在提问的时候教师要选择合适的角度，并且注意问题的层次。提问有直接问、委婉问、单一问、重复问等形式。教师一定要设计好问题，使语文阅读环环相扣，促使学生对阅读文本形成个性化的解读。

2. 讨论法

讨论法是一种传统的教学方法，是指在教师引导、组织、参与的条件下，由两个或两个以上的学生组成小组，然后对某个问题进行分享与讨论。在这个小组活动中，学生之间可以就某个问题的解决方法进行相互批判，通过辩证与分析获取知识、形成认识，从而实现教学目标。讨论的目的主要包括四个方面的内容：①讨论法可以帮助参与讨论的学生对正在思考的论题形成更加具有批判性的理解；②讨论法可以提高学生的自我意识及自我批判的能力；③讨论法可以培养参与讨论的学生对不断出现的不同观点进行正确批判的能力；④讨论法可以帮助参与讨论的学生理解外界世界的变化。讨论是实现互帮互助、培养学生情感、发展人们技能的重要手段，教师要积极运用这一手段展开课堂教学。毕竟只有满足这四个要求，才能够真正实现民主、和谐的语文阅读教学。

讨论法的形式十分多样。从组织形式来看，有同桌讨论、小组讨论、全班讨论等；从讨论内容来看，有质疑问难、释疑解难等。然而，在运用讨论法的时候，教师需要注意三个问题：①要做好充足的准备，选好论题，明确讨论的具体要求，并进行妥善安排。学生要提前做好查阅资料的准备，提前拟好发言提纲等。让学生进行充足的课前准备，主要是为了避免语文阅读课堂上出现冷场的局面。②教师要严密组织，鼓励学生踊跃发言，同时加强教师的调控作用。教师不能让学生完全自由，成为语文阅读课堂中的旁观者，教师要融入学生当中，以参与者、引导者的身份参与。在讨论陷入僵局或者偏离讨论主题的时候，教师要进行适当的点拨与纠正。③教师要认真总结，从中吸取教训，得到提高。

3. 情境教学法

情境教学法，亦称乐学法、陶冶法，这是一种既古老又富有创新精神的教学方式。教师在教学过程中，为实现预设的学习目标，结合教学实际，构建与教学内容紧密相关的情境或氛围，使学生能迅速领悟教学主旨及内容。我国对情境教学法的研究历史悠久，古有"孟母三迁""断机教子"的典故，运用了情境教学法，提高了对典故中人物的教育效果。在初中语文教材中，多数课文均具有一定的情境性，每一篇优秀的文学作品都是作者基于特定情境创作而成，反映了作者对实际生活的深刻感悟。

情境法的教学优点：教师能够根据教学内容创设教学情境，能够直接体现直观的教学原理，让学生在特定的情境之中感知、理解，并缩短认识时间，从而提高教学效率。情境教学法还能够调动学生的智力因素与非智力因素，是实现教书与育人有机统一的重要方式。除此之外，情境教学法还能够实现寓教于乐，将教学内容转化为具体的情境，满足学生的情感需要，使学生愿意参与语文阅读。情境教学法还能够根据现代教育的具体要求，让学生在教学情境之中受到知识、美育、德育等诸多教育，促进学生的全面、健康发展。但是，情境教学法依然存在着教学弱势，即它受到了教学用具、教学手段、课文内容、教师教学水平、学生适应能力等因素的制约。

在语文阅读教学中运用情境教学法一般有以下形式：

（1）模拟情境。模拟情境一般是通过图画、照片、音乐、文学语言、多媒体教具等教学手段再现具体的课文场景。根据学生的认知特点，教师要让情境走向形象化、生动化，保证该情境对学生有着足够的吸引力。

（2）选取情境。阅读教学需要借助电教手段来配合。例如，教师可以结合课文播放有关的 PPT、录像、电影等，使学生如临其境，从而完成阅读教学。

（3）创造情境。如果没有教具可供利用，也不方便进行室外教学，那么可以设法借助教学语言来创造教学情境。教学语言是创设教学情境的重要媒体，随着学生年龄的增长与阅读能力的提高，单纯依靠直观的教学情境很容易让情境教学变得简单化、表面化，不利于提高学生的逻辑思维水平。因此，在使用教学语言的时候，教师应该尽可能地做到"善于激疑，巧于启发，深于传情，工于表达"，用语言来唤起学生的想象能力，从而达到最佳的教学效果。

除此之外，阅读教学法还有其他很多有效的方法，如比较教学法、心得教学法。在具体的教学过程中，教师应集中考虑这些教学方法的优点和缺点，综合运用各种教学方法，扬长避短，为初中语文阅读的高效教学提供强大的支持。

（二）阅读教学方法的影响

教学方法是在教学过程中，师生双方为实现教学目标、完成教学任务所采用的一系列相互配合的互动性教学方式的总称。它涵盖了教师教学和学生学习的方法。教学方法与语文阅读教学之间存在一般与特殊的关系，对于高效完成阅读任务具有至关重要的作用。如若没有适宜的教学方法，实现教学目的和完成教学任务将成为空中楼阁。此外，教师只有掌握科学的阅读教学方法，才能在最短的时间、精力和资源投入下，取得最佳的教学成果。

从某种程度上来说，教学方法制约着学生的思维方式，教师的教法制约着学生的学法，这对还未形成固定价值观的学生来说影响十分深远。这就要求教师必须优化自身的阅读教学方法，提高学生的阅读水平。阅读教学方法的有效运用还直接影响着以下六个转变：

第一，转变教师在课堂中的角色。在传统的语文阅读教学课堂上，教师是管理者、控制者、主导者，而新课程改革下的教师角色应该是引导者、组织者、促进者。教师应成为学生在阅读路上的领路人，从讲台上下来，走入学生中，与学生共同体验阅读、成长的快乐。在现在的语文阅读教育中，教师已不是绝对权威的代表，这也促使教师必须树立终身学习的意识；教师必须学会从学生的角度进行思考，师生之间的思维水平是平等的，教师要学会理解学生。

第二，转变教学策略。转变教学策略主要是教师的研究方向，特别是教学设计要转变为能够适应学生的学习方式，并构建出符合学生特点的教学模式，为学生提供开阔的阅读平台，使学生在自主、合作、探究的教学模式下感受到阅读的快乐。学生的阅读任务也由单纯的阅读、完成阅读习题转变为巩固与归纳所学知识，以及在阅读中产生疑问，学会解决问题的过程。

第三，转变阅读教学的呈现方式。在阅读教学过程中，教师应关注运用信息技术为学生打造更为便捷、高效、宽敞的阅读渠道，以推动学生阅读模式的变革。依托信息技术的阅读教学已逐渐成为当下语文教师关注的焦点，为阅读课堂注入了更为丰富的教学内容和形式。

第四，促使教师更新教育观念。阅读教学方法还能够促使教师更新教育观念，学习现代教育理念与教学技术等，从而达到优化教师知识结构，提升其教学水平的目的，真正实现教学相长。

第五，转变教学方式。在新课程改革背景下，语文阅读教学模式凸显情境、民主、过程、引导及体验等要素。教师应关注对学生综合素养的培育，开展以学生为核心的主体语文阅读教学活动，进而营造轻松、愉快、积极、向前的教学氛围。为实现此目标，教师应将阅读课堂交还给学生，让学生在书海中自由探索。这是当代语文教师所追求的阅读教学境界。教师应允许学生以个性化方式阅读和理解文本，可以是关键词语，也可以是动作组合，甚至可以是角色扮演展示等。这种教学策略有助于拓展学生思维，真正实现自主阅读。

第六，开发学生的智力。传统的阅读教学方式是以"注入式"为主的，虽然这种传统的阅读方法能够增加学生的知识储备，但是不利于开发学生的智力，还会让学生的思路受阻，使其缺乏思考与创新。现代阅读教育强调要用阅读来开发学生的智能，促进学生的全面发展。因此，现代的阅读教学方法十分重视引导学生积极探索新事物，提高他们发现问题、分析问题、解决问题的能力，综合培养他们的观察能力、分析能力、创新能力等。在初中语文阅读教学中，教师应该重视学生的独立思考性与阅读能动性，使学生在理解知识的同时能够掌握科学的阅读方法。

总而言之，阅读教学方法是联系师生关系的重要枢纽，是完成阅读教学任务的重要保证，是提高教学质量的重要动力，是影响学生身心健康并提高学生阅读能力的重要因素。因此，在实际的阅读教学中，教师要制订出一套科学的、行之有效的阅读计划，合理地选择阅读教学方法，保证整个阅读教学都处于健康、高效、快乐的状态中。

(三) 阅读教学方法的实施

初中生正处于青春期，他们接受新事物的能力很强，个性也十分突出。因此，在语文阅读教学中，教师是否能够充分激发出学生的阅读积极性，就依赖于他们所实施的教学方法是否有效。不管是何种语文阅读教学方法，在实施的过程中，教师都应该注意实施策略。

1. 重视学生的自主性

在初中语文阅读教学过程中，许多教师会在学生完成全部阅读之前，对文章的核心观点、作者心境及文本内涵等予以阐述。此类教学方法有可能制约学生的独立思考，不利于拓展他们的思维空间，从而使阅读理解局限于特定框架。正处于思维活跃阶段的学生，拥有充沛的精力和独特的见解，对诸多事物抱有好奇与探究之心。因此，教师应充分信任每位学生，赋予他们充足的阅读时间，使他们成为阅读的主体。在教学实践中，教师应适度减弱自身的教学干预，强调学生的自主阅读能力。在学生阅读的过程中，为他们提供思考指引，助力拓展阅读视角，引导学生将阅读与个人生活经验相结合，从而加深对文本内涵的理解。当前，初中语文阅读教学倡导的并非传统"死读书，读死书"的理念，而是鼓励学生树立终身阅读的观念，通过阅读丰富自己的知识体系、提升认知水平、陶冶情操。

2. 重视学生阅读思考

阅读是对文本进行语言重组与想象再造的过程，阅读理解的过程并非简单的问答过程。因此，教师可采用多种形式与学生进行交流，启发学生就某个问题提出自己的看法。只有重视阅读思考，学生才可能养成边读边思的习惯，他们也会在这个过程中不断激发认知冲突，从而在思维、情感的碰撞中激发出新的"火花"。另外，教师可以在阅读结束之后组织学生展开讨论，学生可以就自己所感受到的文本内涵、作者情感等展开探讨，也可以交流自己的阅读感受。教师可以鼓励学生尝试对文本或者教师的言论表示异议，然后组织学生进行辩论，使学生学会思辨阅读，从而提高他们的阅读能力。

3. 鼓励学生进行质疑

在初中语文阅读教学过程中，教师会针对课文向学生提出诸多问题，引导他们深入思考，以解决问题。然而，当学生所给出的答案与教师预设的标准答案存在出入时，部分教师可能会直接指出学生的错误，从而在一定程度上挫伤他们的思考积极性，并影响创新意识的培养。每个人对问题的看法皆有其独特性。因此，教师应激发学生深入解读文章脉络，分析文章主旨，理解作者情感。与此同时，教师还要鼓励学生勇于质疑，在阅读中发现并提出问题，借助教师及其他同学的帮助解决问题。这样的教学方式有助于培养学生的独立思考能力，并使他们更加敢于发表见解。此外，在学生答案与标准答案不符时，教师应根据实际情况给予一定的鼓励，让学生明白自己的思路与努力得到了教师的认可。

以上三点是初中语文教师在阅读施教的过程中所要考虑的基本要素，任何教学方法都应该遵循这三点要素的要求。此外，教师应不断探索新的教学方法，总结教学经验，为激活初中语文阅读课堂、提高学生的阅读水平、优化教学质量添砖加瓦。

二、初中语文阅读教学的质量

(一) 阅读教学质量的评价因素分析

1. 学生是阅读教学质量评价的根本因素

教师的阅读教学是为了提高学生的阅读能力，教师的阅读教学效果都是通过学生体现出来的。根据课标理念，学生是课堂的主体，阅读的真正主人。学生阅读质量评价的因素主要有以下方面：

（1）兴趣与习惯。兴趣与习惯属于阅读的心理范畴，难以量化检测，但学生的阅读兴趣和习惯却与阅读教学质量存在着正相关。看一个教师的阅读教学课成功与否、高效与否，考试成绩只是一个方面，学生的兴趣是否得到激发、良好的阅读习惯是否养成是其中的主要标准。①学生的阅读兴趣。提高学生阅读兴趣是提高阅读教学质量的前提因素，只有学生对阅读感兴趣，才能激发阅读热情，养成良好的阅读习惯，自觉提高自身的阅读能力。②学生的阅读习惯。学生养成良好的阅读习惯，能提高阅读速度，还将由此终身受益。一般来说，阅读习惯可分为泛读习惯、精读习惯等。

（2）阅读结构与阅读面。阅读教学对学生阅读结构的形成与阅读面的拓展有着很大的影响，教师进行阅读教学除了要教会学生语言知识、文化知识及各种阅读欣赏的知识和能力外，还有一个很重要的功能，就是培养学生的阅读境界，包括学生的阅读目的、阅读指向，而这一切都可以从学生的阅读结构和阅读面中反映出来。①学生阅读结构。阅读结构指学生喜欢读哪一类书籍，如名著类、报刊类、武侠类、言情类、文言类等，还包括各类别在学生总体阅读书籍中所占的比例。②学生的阅读面。学生的阅读面也是影响阅读质量的主要因素。阅读面广，相应阅读能力也高；阅读面狭窄，相应阅读能力也低。

（3）阅读方法与教学参与度。教会方法其实是阅读教学的一个最为显性的目标，也是目前阅读教学中最为关注的。此外，阅读教学是否体现出新课程所倡导的以学生为主体的思想也是十分重要的内容。而学生的主体地位最主要表现在学生的课堂教学参与度上。①学生阅读方法。学生的阅读方法对其阅读水平具有直接影响，乃是阅读质量的关键要素。阅读方法种类繁多，诸如被誉为经典阅读方法的如下几种：目标阅读法、强记阅读法、检视阅读法、争鸣式探究性阅读法、三步阅读法、六步读书法、十步阅读法、探测性阅读法、比较阅读法、小组合作式探究性阅读法、择优读书法、跳读阅读法、三勤阅读法、勾画阅读法等。此外，名人的阅读方法更是各异，几乎每位名人皆有一种独特的阅读方法。在实际教学过程中，教师需根据具体情况与学生个体差异，灵活施教。②学生在阅读教学中的参与度。学生在阅读课堂教学中的参与度与阅读教学质量和成效成正比。

所谓学生阅读教学的参与度，主要是指学生在阅读教学中所占用的活动时间、学生对阅读内容的自主选择权、学生在阅读教学中的评价权等。

2. 教师是阅读教学质量评价的主导因素

教师正确的引导和传授会对学生阅读产生以下方面的影响：

（1）阅读理念更新与目标提高。①阅读理念更新。理念是人的行动指南，有怎样的阅读理念就会有怎样的阅读行为。因此，教师要提高阅读教学成效，就要努力培养学生科学先进的阅读理念，而要做到这一点，教师自己应先拥有进步、前沿的阅读教学理论，这里包括树立以学生为主体的阅读教学理念，珍视学生阅读的独特感受和体验，强调阅读是一种对话过程。如此，语文教师才能摆脱局限于阅读方法、解题方法的传授指导的枷锁，树立起大语文阅读的观念。②阅读目标提升。在先进的阅读理念指导下，教师应有意识地引导学生提升阅读目标境界，从应试型、消遣型的阅读教学目标，转向应用型、陶冶型的教学目标。从而确保学生在任何情况下，都能保持强劲的学习内驱力。

（2）激发学生的阅读兴趣与培养习惯。①激发学生的阅读兴趣。学生阅读效果的一个重要评价因素就是阅读的兴趣是否得到激发。那么，与之相适应，教师阅读教学的一个主要任务，就是要激发学生的阅读兴趣。让学生愿意去读，主动去读，喜欢去读。只有这样，才能从根本上提高学生的阅读能力，甚至深刻影响写作水平。②培养学生的阅读良好习惯。与激发兴趣相应，教师阅读教学还要致力于养成学生良好的阅读习惯，其中包括不提笔墨不读书、边读边思、读前猜读后写等。总而言之，良好习惯可以影响阅读速度、解题能力、解题正确率等。

（二）阅读教学质量标准制定原则

1. 教师阅读教学质量评价的原则

（1）体现学生的主体性。教师的阅读教学效果都是通过学生体现出来的，教师的一切活动都围绕学生展开，因此，教学评价要体现学生的主体性、学生的参与度。

（2）阶段性与发展性相结合。阶段性与发展性的统一是指把基础目标评价和发展目标评价相结合；也就是注意在完成现阶段学习目标评价的同时，还要着眼于未来的发展，在阶段评价中预伏超前性评价。尤其对学生的评价不能只看一时，而应该用发展的眼光去看待，他们各方面的能力都处于成长过程中。

（3）清晰性与模糊性相结合。清晰性与模糊性的结合，是指把答案评价的标准化和答案评价的多样化结合起来，把定量的分数评价和定性的等级评价结合起来。

互动的课堂阅读教学特点不仅充分显示了教学过程中以学生发展为本的价值取向，而且决定了对该课堂教学的评价必定由单向、静态走向多向、动态，由封闭走向开放。

2. 学生课堂阅读质量评价的原则

（1）导向性原则。在课堂教学过程中，教师的评价不应局限于简单的肯定或表扬。而应在恰当之处激发学生的潜力，在失误之处给予信心，为学生指引前行的道路。以教学《雷雨》一课为例，教师引导学生通过阅读剧本，深入探讨"周朴园对鲁侍萍是否具有真挚情感"的问题。同学们依据文本阐述各自观点，见解迥异，充分展现了对该问题多元化的解读。教师应对学生的探究精神予以肯定，并针对他们的观点进行必要的引导与点拨，使学生认识到阅读过程中文本理解的多元性，从而在课堂评价中，为学生确立探究性解读文本的方向。

（2）适时性原则。课堂教学中，教师的评价激励要抓住最佳时机，才能产生最佳效果。阅读是学生与文本进行对话的过程，学生的知识积累、生活阅历直接影响到阅读的效果。在课堂阅读教学中，学生经常会在阅读过程中闪烁出思想的火花。教师要学会发现学生的闪光点，适时进行评价，充分肯定学生的阅读成果。这样，受肯定的学生会有成就感，其他同学也会以此为榜样努力进取。

（3）过程性原则。教师与学生之间的评价应当注重方法和策略，旨在提升评价在教育过程中的积极作用。作为课堂教学的主导者以及学生学习的观察者，教师在课堂中对学生的评价应贯穿整个教学过程。这要求教师擅长对学生的课堂表现展开观察与分析，从而做出准确的评价。

（三）阅读教学质量标准制定方法

第一，内容的确立。阅读教学质量标准的制定，首先要明确的是标准的内容。

第二，前期准备。在制定阅读教学质量标准之前，要做好一些准备工作，主要包括以下方面。一是调查分析。要搞清楚目前阅读教学中存在的问题，学生对阅读教学有哪些看法，教师在阅读教学中有哪些困惑，学生喜欢怎样的阅读教学等。只有通过广泛的调查，并在调查的基础上做好认真的分析，才有可能制定出科学的质量标准。二是分析学生和教师。各类教育层次的学校，其师资与学生的阅读能力基础存在显著差异。因此，各个学校及教师应根据自身特点，制定符合本校实际情况的阅读教学质量指标，这要求制定者对学校的学生群体和教师队伍进行深入分析。三是形式的预设。

采用怎样的阅读教学质量标准，对于阅读教学质量评判与质量监控影响很大，但一般而言，质量标准包括三种形式：①纯文字表述。这种质量标准容量大，表述可以做到细致而准确，包容度大，阅读教学的各个方面都可纳入，其不足是重复性比例较高，特别是层次不清，主观性较大，只适宜于粗略的评判。②纯表格型。完全通过表格的方式，将评判的内容分成几个等级，然后，根据表格所列等级去衡量学生的阅读效果和教师的教学质量。优点是层次清楚，使用方便，量化方式容易减少主观性，使人一目了然；其不足是容量较小，层级过粗，难以分清优劣。③表格文字混合型。表格文字混合型即在表格打分或分等级的基础上，再用文字加以描述，从而最大限度地避免评判的粗糙与不公。但这种评价方式对于评价者而言，工作量较大。

(四) 阅读教学质量评价标准指标

具体评价一堂阅读课的教学质量，主要有以下六个方面的指标，每一方面又有具体的指标。

(1) 教学目标。①以学生为主体，充分考虑学生心理特点与认知水平，针对学生的个体差异，遵循语文课程标准提出的相关要求。②强调可操作性：教学目标需要明确、具体，层次要分明，要切实可行，具备可操作性。

(2) 学生活动。①学生参与活动的态度：参与活动积极主动，关注问题情境。②学生参与活动的深度：提出问题具有一定意义，有个人独特见解，能按要求正确操作，学会倾听、协作、分享。③学生参与活动的广度：参与学习活动的学生人数较多，活动的方式多样，且活动时间充分。

(3) 学习活动的指导与调控。①阅读指导的范围和有效程度：为每个学生提供平等参与学习的机会；对学生的学习活动进行有针对性的有效指导；根据学习方式创设恰当的问题情境；采取积极、多样的评价方式。此外，教师的语言要准确，有激励性和启发性。②阅读教学过程调控的有效程度：能够根据反馈信息，对阅读教学进程、难度进行适当调整，合理应对临时出现的各种问题。

(4) 学习条件。①学习环境：创设良好的学习环境，必须遵循三个原则：具有适宜的阅读氛围；要满足学生身心健康的要求；有利于阅读教学目标的实现。②学习资源：恰当地开发、科学地选择和适度地处理学习内容，选择适当的阅读教学手段，准备充足的与学习活动相关的材料。

(5) 课堂氛围。课堂氛围无需过度活跃，但要保持宽松，以确保学生的人格得到尊重，鼓励学生进行探讨和回答，同时提倡在阅读过程中提出疑问，促进师生之间平等、积极的互动。

(6) 教学效果。①目标完成度：较好地实现阅读教学目标；多数学生能完成学习任务；每个学生都有不同程度的收获。②解决问题的灵活性：学生能灵活解决阅读教学任务中的诸多问题。③教师和学生的精神状态：教师情绪饱满热情；学生体验到学习和成功的愉悦，从而产生进一步学习的愿望。

根据以上评价指标，可以制作评价表来对阅读课堂教学进行评价，这一评价方案可用于互评，或自我评价，该方案为任课教师、同科教师、教学管理人员的课堂教学评价提供了基本依据。课堂评价的原则主要为：以人为本，过程评价，侧重评学，体现开放性等。除此之外，也可以制定评价表格，由学生来对阅读课堂教学进行评价。

(五) 有效阅读教学质量评价体系

1. 学生对知识主动建构

(1) 考查学习效果。评价一堂阅读课，应考查学生的学习效果。因为知识是学生通过主动建构获得的，只有学生主动意识下的学习才能取得最佳效果。所以要看阅读课堂是否高质量，首先就得考查学生在阅读学习感悟过程中是否主动参与了阅读知识与方法的建构。要达到这样的教学效果，要求教师对学生的学习积极性展开有效调动。

其次，学生对知识的主动建构主要体现在：让学习者主动参与阅读目标的生成，这有助于学习者形成清晰的自我行为目标，有利于阅读学习的进行。因此，在阅读教学中让学生参与学习目标的制定，是阅读教学质量评价的重要标准之一。但这并不意味着总目标和子目标都由学生自己提出和确立。再次，学生参与目标的制定，还需要教师的引导作为前提。在教师课前设计好各种任务和课题的基础上，教师引导学生在这些任务和课题中建立自己的子任务和子课题，再确立相应的子目标。在这些主动生成的子目标指引下，学生才有可能探索符合独立个性特征的方法与途径。最后，教师在教学过程中还要不断引导学生，根据学习现状对初始的阅读目标进行分解或修正。

（2）强调"做中学"。倡导学生在实践活动中学习，意指引导学生带着问题投入学习，并在解决疑问的过程中激发积极性，以完成教学目标。在传统的阅读教学中，教师通常先行教授阅读技巧，随后让学生将抽象观念运用到实际阅读中，即先学后做，学习与实践两部分相互分离。然而，现代教育理念主张学生边做边学，通过具体操作过程来掌握阅读知识与原理。"做中学"的优势在于，学生在解决问题的过程中能充分激活自身经验，整合各类资源，为最终形成的解决方案提供支持。此类方案具有显著的学生个人特点，有利于学生构建富有自我特色的知识体系。

2. 师生之间的有效互动

人的本体价值是在关系之中实现的，阅读课堂中存在的重要关系，不仅指教师与学生之间的关系，还指学生与学生之间的关系。因为个人对知识经验的建构存在着局限性和片面性，只有通过社会性的意义共享和协调，才能取得准确、多视角、丰富形式的知识经验。且教与学本来就是一对并存的关系，不存在主次之分，学习是教与学两者相互作用合作生成的结果。

因此，应该坚决摒弃传统教学中"教师讲、学生听"的单向交流方式，使阅读教学中师生、生生间的交流形式多样化；摒弃教师权威型或命令型的形象，努力在阅读教学中成为学生的指导者、合作者。具体表现在教师以协商的姿态参与学生阅读讨论和练习的过程，不强硬干扰学生的学习行为，但又不任其随意发展，而是指导学生进入有意义的问题情境中，启发学生思维，为其提供必要线索。此外，教师的提炼与概括尤其重要，旨在帮助学生建构起更明确、更系统的知识。而作为合作者，是指教师和学生一起进行学习，敢于承认自己不如学生的地方，并在互动过程中实现教师的自我提升。实现师生间的有效互动也是高质量阅读教学评价的重要标准之一。

3. 为学生提供阅读资源

学生要实现"做中学"，需要一定的操作对象，这就要求教师在阅读教学过程中为学生提供合适的阅读资源。学生阅读资源指的是阅读学习材料和充足的学习时间。

（1）教师应为学生提供源于现实生活领域的丰富阅读材料，使学生在真实且复杂的学习情境中深入参与，确保问题解决与现实情境紧密关联。毕竟，唯有真实情境能让学生深刻感知问题之存在。同时，还要为学生创设多样的问题情境，促进学生实际阅读能力之有效迁移。

（2）在教学过程中，务必确保学生有充足的时间进行阅读知识的构建，涵盖充足的讨论、交流和反思环节。这是因为，学习者在阅读过程中遇到新问题时，首先需要进行独立的分析和思考。其次，在形成一定思路后，学习者才会开始尝试利用资源构建解决方案并加以实践。

（3）还要根据尝试的结果，与他人交流信息，达成认识的完善。在这一环节中又要求一系列的回顾与反思，如需要反思自己与他人在解题策略上的差异，通过比较两种策略形成的过程和结果来找出证据与理由，解释导致两者差别的原因，从而改进问题解决策略，优化解题认识，并形成系统的知识经验。

以上环节都是学生在阅读学习中必不可少的。因此，这是一个时间持续较长、较为系统的过程，不能简单化地处理阅读材料或者流于形式地应付，需要教师为学生学习时间提供保障。

4. 学生能力的真正提高

好的阅读教学能够达到学生对知识真正理解和能力真正提高的效果，而不是肤浅的表面理解。学生对知识的深层次把握主要表现在：对所学的阅读知识建构了系统的理解；能够运用学到的阅读知识和阅读方法去解决实际阅读问题；解决复杂问题时，能综合调动各方面的知识经验；能将所学的阅读知识进行广泛迁移等。

教师可以通过以上方面来判断学生是否真正理解了知识，真正提高了阅读能力。考查可以通过提问或者练习的方式进行，且该方面的考查不只是在阅读教学后进行，更为重要的是，也要在阅读教学过程中进行不间断的考查。现代教学观念注重"形成性"，不仅强调学习成效，还强调对学习过程的关注，决定学习成效如何的因素体现在学习过程中，因此，只有关注学生如何阅读，才能把握住促进学习者能力真正提高的关键。

三、初中语文阅读教学的策略

（一）通过"群文阅读"培养学生"语言建构与运用"素养

语文核心素养的形成与发展过程可分为四个关键环节，其中，"语言建构与运用"为其基础。唯有充实此基础素养，方能构建成熟的语言体系，进而建立语言材料与语文知识之间的关联。在语言实践中，语言建构与运用的基本素养具有多方面作用，如指导语言实践，使隐性语文知识与显性知识相互融合，完成学习所需的阅读任务，并在实际生活中促进人际和谐交流。

培养学生的语文核心素养并非一蹴而就，而是一个过程。其中，语言建构与运用至关重要，不仅是培养文化、思维和审美能力的前提，还是选择培养途径及方法的关键。我国的教育目标旨在实现人的全面发展，为此，应注重培养学生完备的语文技能与知识，并传授多样化的语文学习方法。

至初中阶段，学生的语言体系基本确立，教师在教学过程中应着力协助学生构建正确的语言体系，并将其运用于语文教学。当前，群文阅读法在语文教学中得到广泛应用，并证明了其有效性。群文阅读是指学生与教师围绕一个或多个主题选择文章，共同进行阅读与讨论，直至达成共识。通过此过程，将学生的零散概念整合为一个整体，使他们对主题有更具体、全面的认识，并在现有"语言体系"基础上进行完整全面的"构建"，从而提高教学全面性与直观性，更好地培养学生的语言体系。

（二）通过"多元解读"培养学生"思维发展与提升"素养

要实现学生的全面发展，就要努力践行素质教育，注重培养学生的核心素养，而素质教育是我们长期以来的目标。素质教育的目标就是实现学生自由、全面的发展，真正做到以学生为本，充分调动学生的想象力，让学生积极自主地进行思考。在实际的语文阅读教学中，教师不应该只是单纯地将知识传授给学生，而是应该注重培养学生的综合素养，为其发展奠定基础，我国语文课程的教学标准把"语言建构与运用""思维发展与提升"视为同样重要的部分。

在"思维发展与提升"的培养过程中，要把语文素养、阅读素养和阅读思维能力结合起来，并将其贯穿于整个语文教学的全过程，培养学生的"思维发展与提升"素养可以采用"多元化解读"的方式，它就是同一个人在不同的环境中或者是不同的人阅读同一部文学作品，由此产生的不同的感受和体验；同时采用不同的思维方式，进而产生不同的启发与联想，构建更加全面的知识。作为老师，应该结合不同的文学作品，给学生提供不同的帮助，帮助学生理解作品，提升学生的思维水平。

（三）通过主题式教学提高学生"文化传承与理解"素养

各国文化源于独特的民族传承，蕴含着丰富的内涵与人文价值。在我国悠久的文化历程中，语文教学承担着传承优良文化传统的重要使命，为培养全面发展的人才奠定基础。教师传授文化，学生继承文化，在这一过程中，文化主题的选择显得尤为关键。语文阅读教学作为文化传播的载体，教师在其中发挥着至关重要的作用教师应进一步优化自己的文化主题的选择能力，巧妙地以主题教学的方式传承我国的优秀文化，培育学生的语文核心素养。

四、初中语文阅读教学的评价

阅读教学评价是语文教学，尤其是阅读教学的重要组成部分，它能够对阅读教学环节的各个信息提供反馈，从而帮助学生更好地阅读文本，由此提高教学效率。

（一）阅读教学评价的意义

评价的本质在于对事物及过程的价值或质量进行判断、决定或计算，这是一种对客体满足主体需求程度的评估。在进行评价时，须遵循一定的价值准则。因此，教师在开始评价前，必须选取适宜的评判标准。阅读评价是将评价应用于阅读教学活动中，根据阅读教学的目标、过程、内容、方法以及阅读能力、态度、情感、价值观等方面，进行科学、合理的价值评估，它是衡量阅读教学成果的关键途径。在阅读教学中构建科学的评价体系，具有以下两方面的显著重要性：

第一，阅读教学评价能够为学生的发展指明方向。评价不单单是为了甄别与选拔学生，更重要的是为了促进学生的个性、潜能、创造的发展，使每个学生在学习中充满自信，并且具备可持续的学习能力。阅读评价的目的并不是为了给学生的阅读学习结果进行评价，简单地给出一个分数或者是一个等级，而是为了帮助学生诊断他们在阅读过程中所出现的问题，从而使学生自觉调整自己的阅读行为，包括阅读进度、阅读方法等。学生也可以在评价中了解自己的阅读学习现状，明确学习方向，从而进行有效的阅读学习。

第二，阅读评价能够促进教师教学观念发生转变。在《基础教育课程改革纲要》《初中语文新课程标准》等文件的指导下，对学生的阅读能力进行科学的评价形成了新的评价观念。这些观念影响着教师的教学行为，为学生的发展提供了更广阔的空间，促进了学生的阅读从课内走向课外，增加了学科之间的沟通与交流。在阅读教学过程中适当地利用评价，可以优化阅读教学质量。如果离开了阅读评价，教师就无法准确定位阅读的起点，也无法对阅读教学做出科学的安排，更无法对学生的学习效果做出客观的判断。

（二）阅读教学评价的要求

一般而言，原则是人们观察、处理问题的准绳，是从客观事物的本质中衍生出来，供人们在实践中效法和遵循的规则。阅读评价的原则就是根据阅读教学的目标与教学活动提出的一些基本规则和要求，是教学实践经验的总结，也是人们对阅读教学内在规律的总结与认识。阅读教学除了要遵循教育领域的评价准则，还要遵循阅读评价中的基本标准。

1. 坚持评价内容与领域的全息性

全息性也就是全面性，是指教育评价要反映教育、教学活动的全部信息，全面、全员、全程采集和利用与教育有关系的各种信息，其强调的是评价。

（1）评价的内容要全面。阅读教学的内容繁多，这也决定着阅读教学的评价亦十分广泛，并且在不同的学段，学生的阅读目标与阅读内容是不一样的，所以阅读评价一定要注意全面性。

（2）评价的领域要全面。在阅读评价中，教师不应该只关注学生的阅读知识与阅读能力，而是要进行全面评价。换言之，要想完成阅读教学的目标，不仅要评价学生的阅读学习结果，还要对产生这个结果的多个因素进行动态评价。阅读评价既要看到学生阅读知识掌握和智力发展的一面，也要看到他们在动机、兴趣、情感、态度、意志、性格等非智力因素上发展的一面。

2. 明确评价目的的可行性

阅读评价的根本宗旨在于推动学生阅读素养与语文修养的提升，这是阅读评价的核心理念与依据。学习目标与内容是学习评价的尺度与载体，在各个学习阶段都有独特的学习目标与内容，因此，阅读评价标准也应具备层次性。阅读评价必须依据不同学段的阅读学习目标进行等级划分，贯彻分阶段原则，以促使学生更高效、更精确地实现各个学习子目标。

3. 坚持评价方式的过程化

长期以来，考试一直是评估阅读能力的主要手段。在衡量学生阅读能力时，教师往往仅关注分数表现，而忽略过程与方法，对学生情感态度与价值观的评估更是无从谈起。因此，教师有必要摒弃过于单一的评价模式，根据阅读教学的评价标准和需求，运用多样化的评价方法。这样可以避免过度关注结果，忽视过程的评估方式，从而确保对学生全方位发展的准确评价。

4. 坚持评价效能的实用性

新课程标准十分注重语文学习的实用性，强调知行统一、学用结合。因此，在阅读评价中，我们要体现这一特点，讲究评价的效能。学生在一定的阅读实践学习之后，便会具备基本的阅读知识、阅读能力等，进而将其应用在新一轮的阅读活动之中，从而不断检验与巩固自己的学习成果。所以，不管是课内阅读还是课外阅读都必须注重学用结合。这不仅仅是新课改的教学目标，也是阅读教学的初衷。从课本上学到的阅读知识与技能，只有在学生的阅读实践活动中才能够得以巩固与提高。在阅读教学中，教师要注意激发学生的阅读兴趣，注重阅读技能与理解能力的有效运用。

(三) 阅读教学评价的特征

阅读教学评价是语文教育评价的重要组成部分，因此，它具有语文评价的一般特点。同时，阅读评价有着自身的特性。

1. 综合性特征

在过去的阅读教学中，教师习惯将结构严密的文本拆成碎片，或者是将阅读教学作为语文基础知识教学的载体，忘记了阅读教学的基本任务。因此，阅读评价教学的综合性包括以下两个层面的内容：①阅读过程中的感受、体验、理解和价值取向；②阅读的兴趣、方法与习惯以及阅读材料的选择和阅读量的控制。尤其是第二层面的内容是全新的评价内容，需要教师对其进行新的发现和探索。

2. 灵活性特征

学生的阅读兴趣、阅读方法、阅读习惯等都是动态的，具有鲜明的个性特点，但是价值取向不是单一的、线性的。大部分的学生经过长期的阅读之后都形成了独属于自己的阅读兴趣、方法、习惯，每个人都是不一样的，不能说哪个学生的更好，也不能说哪个学生的不好。学生在阅读过程中所表现出来的学习态度、情感、价值观也不能用统一标准进行衡量。因此，阅读评价的标准比较模糊，也比较灵活。不管是什么样的评价，都需要通过学生阅读素质的高低来衡量，这也是最具有说服力的。因此，评价学生的阅读兴趣、方法的时候，教师一定要结合每个学生的特点，因材施教。

3. 整体性特征

阅读评价具有整体性，主要可以从以下三个方面进行解释：首先，从内容上来看，阅读是一个整体。因此，评价阅读的内容应该包括对朗读、默读、精读、略读等阅读方式的评价，也要包括对文学作品及古诗的评价。其次，从评价的领域上来看，阅读评价的范围并没有局限在阅读知识之上，还包括阅读的过程、方法、情感等。例如，阅读能力涵盖了语言积累、文章理解、中心把握等多个方面。总而言之，阅读评价是一个十分复杂的系统，其中任何一个方面的缺失，都不能构成一个完整的评价系统。

（四）阅读教学评价的内容

1. 评价学生的阅读习惯

习惯是指在一段很长的时间内逐渐养成的、一时不容易改变的行为、倾向。阅读习惯是学生在长期的阅读学习中所反映出来的比较稳定完成自动化动作的心理倾向。阅读习惯是阅读学习品质的心理基础，包括课内与课外两个方面。课内阅读习惯主要包括课前运用多种方法进行预习的习惯，课中边听边记笔记、边读边思考、质疑并参与讨论的习惯，课后复习、总结、完成作业等的习惯。课外阅读习惯主要包括学生是否热爱读书、是否会制订阅读计划、是否会选择阅读方法以及在阅读中是否会进行摘录与批注、是否会制作读书卡片，阅读内容是否广泛等。

2. 评价学生的阅读态度

良好的阅读态度是阅读的基本保障。好的阅读态度有助于提高阅读的自觉性，对于发展阅读能力、改善阅读品质、加深阅读理解、提高阅读速度等都有帮助。在评价学生的阅读态度时，教师可从以下方面进行考虑：学生是否主动阅读，学生是否善于安排时间，学生是否做到惜时，学生是否有恒心等。

（1）主动阅读。主动阅读是指个体在缺乏外部诱导的情况下，凭借内在驱动力自发进行的阅读行为。在这一过程中，学生能够全面发挥自身主体精神，并积极展开阅读认知、领会、鉴赏等思维活动。

（2）惜时阅读。惜时阅读就是要珍惜时间，合理、科学地安排阅读学习时间。在阅读中珍惜时间，是实现高效阅读的保证，也是阅读评价的主要内容。惜时阅读不仅能够给学生节省时间，还能够提高学生的阅读效率。在评价时，教师可以从以下两个方面进行考虑：①学生是否树立了科学的惜时观念；②学生是否讲究有效的惜时方法。

（3）长期阅读。长期阅读的本质在于持之以恒的阅读态度，它是阅读过程中不可或缺的品质。提升阅读能力是一项长期且艰巨的任务，学生若要切实改善阅读素质，必须具备坚定的求学决心。

（4）养成阅读。学生的各个学习素质及学习技能都是一种习惯，这是通过反复实践形成的。同样，学生的阅读素质与技能也能够在反复的阅读实践中养成。

3. 评价学生的阅读情感

阅读教学过程应该是让学生产生愉悦的情绪与积极的情感。因此，学生在阅读学习中的情感就成了阅读教学的评价内容。

（1）健康阅读。健康阅读指的是在阅读学习时应做到用眼卫生、用脑卫生和心理卫生等。学生在阅读时需要注意四个方面：①阅读时要考虑阅读环境，如阅读环境中的光线等。尽量在白天阅读，因为自然光是最佳的阅读光线。②学生要注意保护眼睛，注意用眼休息。因为目不转睛地阅读会让学生的眼睛产生疲劳感，得不到必要的水分及血液供应。因此，学生要多做眨眼动作。③学生要注意用脑卫生。健康的大脑是阅读的物质基础。因此，集中思考的时间不宜过长，注重劳逸结合，加强锻炼。④要保持健康的身体与良好的情绪。健康的视力与脑力都来自健康的身体，持久的紧张与厌倦会让学生的眼睛变得呆滞，导致他们在阅读时常常会出现视力模糊及无法敛神注视等问题。以上内容充分说明了学生的身体健康与良好的兴趣是保证视觉器官健康的重要条件，也是对健康阅读的有力支持。

（2）信心阅读。信心阅读作为一种积极的阅读心理品质，体现在阅读过程中的自主性，以及对自身阅读能力的重视和信任。在此基础上，信心阅读对于提升学生的阅读心理具有显著的促进效果。

（3）尊重阅读。尊重阅读有两层含义：①指教师对学生的阅读评价要重视学生的个性化阅读；②学生要尊重文本与作者。阅读是学生的个性化行为，他们对阅读文本的反映是独特的，学生的认知、个性、气质等导致他们的感悟是不一样的。但是，不管怎样，学生都不能无视作者的思想与文本的主题。

（4）审美阅读。在阅读教学过程中，教师应引导学生沉浸于阅读之中，体验审美愉悦，并凸显审美价值。教师还应积极推广审美阅读的理念，使学生在阅读过程中得以领略审美乐趣。审美阅读是一种复杂的心理活动，学生在面对阅读文本时，主要运用逻辑思维来理解内容，而获取审美感受则要借助形象思维。在审美阅读中，形象思维、抽象思维以及灵感思维均占据重要地位，各种心理因素须协同发挥作用。

4. 评价学生的阅读能力

阅读能力是阅读教学的最关键部分，也是阅读评价的最主要内容。阅读评价可从以下方面进行：

（1）认读能力。认读能力即对文字信息进行迅速且准确的感知与辨识，包括字形辨别、字音校准及字义理解。

（2）理解能力。理解能力是指在感知素材的基础上，学生借鉴自身知识与生活经验，通过现象、联想、分析等思维过程，深入领悟阅读文本的思想内涵与语言形式。作为阅读核心与基本要求，理解能力至关重要。

（3）吸收能力。吸收能力指将阅读材料中有益信息储存于大脑，并在需要时进行再现与借鉴。

（4）语感能力。语感能力即学生迅速感知语言文字的能力，体现在语境中理解词语、迅速把握文章内容以及产生情感共鸣等方面。

（5）鉴赏能力。鉴赏能力指学生对阅读材料的思想内容、表现形式、风格特点等加以鉴别，并在阅读过程中产生审美体验。

（6）迁移能力。迁移能力为较高层次的阅读能力，学生在理解与鉴赏基础上，通过思辨与批判完成阅读行为，实现知识迁移，如举一反三、触类旁通。

（7）创造能力。创造能力为阅读能力的最高层次，表现为在阅读过程中实现新发现、提出新观点或疑问等。

5. 评价学生的阅读方法

方法是解决思想、说话、行动等问题的门路、程序等。显然，阅读方法便是阅读中的门路、程序。如果学生能够掌握并运用科学的阅读方法，他们便能够进行独立阅读，获益匪浅。因此，评价学生的阅读方法成为阅读评价的重要组成部分。

（五）阅读教学评价的方式

第一，学生自评。自评是学生对自己的学习所进行的评价，是学生对自己的阅读过程的自我调控，能够使其正视自己的阅读学习情况，以便及时调整与改进。在自评的基础上，学生也能够正确地对待他人的阅读学习。

第二，学生互评。学生互评就是让同一个班级内的学生进行互相评价。这种评价方式的优点在于同学之间都比较了解，他们的评价也比较贴近实际情况，较为中肯、客观。这种评价方式能够让学生取长补短，促进学生的共同进步。

第三，教师点评。教师点评就是教师对学生的阅读进行评价，是十分普遍且传统的评价方式。通常情况下，教师会根据教学大纲、教材内容等对学生进行点评，并且方式十分多样。例如，对学生进行与阅读活动有关的提问，对学生进行检查，对整个班级进行测试。

第四，家长参评。家长参评就是学生家长对学生的阅读活动进行评价，是一种定性评价。学生家长对自己子女的学习情况十分关心，特别是有一部分课外阅读是学生在家中完成的，这就需要家长参与阅读评价。

总而言之，阅读评价方式要突出学生的自评，教师要相信每个学生都具备自评的能力，相信他们能够客观、公正地评价自己的阅读状态，也相信他们能够客观地看待他人。

第四节　初中语文教学内容的重构

一、初中语文教学内容重构的现实作用

初中阶段的学科核心素养比较关注教学目标的全面实现，也就是要求学生在实践操作中能够更为关注问题处理能力的完善、创新能力的培养等。"在语文教育过程中，即需要达到听、说、读、写、思各项能力的融合统一，用以促进人格培养和塑造的完善化，而为了实现这一效果，教师非常有必要按照初中的年级不同、内容区别等，对教学内容和方法进行重构，形成更加科学的知识层级递进效果。"[①] 例如，仅就语言能力目标而言，其中便涉及积累汉语言文字、熟练理解与应用能力，同时其中又包括对于心智技能与操作技能的要求，且在内隐和外显因素的促进下，学生的学习成果持续生成，像演讲、论辩、总结报告、作文等，

---

①马彦. 对初中语文教学内容和方法重构的认识［J］. 中学语文，2019（12）：59.

这些言语能力的形成，如果没有初中语文教学内容和方法重构形式相适应，将无法产生理想的效果。而除了语言能力目标之外，人文素养目标、道德建设目标等也均值得予以重点关注。

二、初中语文教学内容重构的具体策略

初中语文教学内容具有显著的多元化特点，为此要注意学科内部内容的调整，即对学科内部所存在的逻辑关系加以梳理，探索形成适应课堂的整合点。对其加以重构可关注以下方面：

第一，文体的重构。在现实生活中，部分初中语文教师在教学过程中文体意识模糊，对待各类文体均采用同样的授课方式，从字词掌握到作者简介，再到创作背景解析及段落要义阐述。这种一成不变的教学方法对提升语文教学质量成效甚微。倘若教师能够注重文体特点，便能助力学生及时补充相应文体的知识。例如，在初中语文九年级课程中涉及小说文体的知识，教师可适时调整教材内容，将此前所学的小说如《变色龙》《我的叔叔于勒》《孔乙己》等整合为一个专项小说单元，进行系统化学习。在此过程中，教师可根据文本特性展开拓展阅读，条件允许时还可加入《狂人日记》《阿Q正传》等课外关联作品，使学生全面掌握此类文体的基本属性和功能特点等，从而助力他们更好地探索文体奥秘。

第二，主题的重构。利用重组、融合、增删等办法，达到理想的主题教学效果。例如，在讲解到《中国石拱桥》或者《桥之美》等篇章的时候，教师可以视情况需要设计同"桥"有关的主题课程。

第三，作者的重构。例如，初中语文教材中有多篇关于宋代文人苏轼的作品，像《记承天寺夜游》《水调歌头（明月几时有）》等，教师要求学生把这些内容集中起来思考，再将易于为学生所理解的苏轼其他代表作呈现出来，形成苏轼专题课堂，以利于学生全面了解这位作者的人生经历、思想情感、作品特色等。

第四，读写宏观视角的重构。这是因为历来写作教学都是初中语文教学难点之所在，而在初中语文教材里面，共涉及十余个写作主题课，像写人抓住特点这样的主题，完全可以拿来为师生所用，按照选文内容将写作特点凸显出来，可以给课程的整合重构提供另外一种更广视阈的可能性。

第三章 初中语文核心素养的提升途径

第一节 初中语文核心素养—文化自信

在全球化的今天，不同国家的不同文明既互相融合、互相推动，又互相竞争，我们必须树立自己的文化信心。初中生还处在发展的关键时期，对各种文化的分辨能力较弱，对其进行文化自信的培养是当务之急。"文化自信是国家和民族的灵魂之根，我们要坚定地认同中华优秀传统文化，发扬中华优秀传统文化，树立民族信心。"① 要深刻理解和把握中华优秀传统文化的魅力和深刻内涵，将其传承下去。在发展中华优秀传统文化的同时，要以积极向上的心态强化和推动本土文化的进步，并将中华优秀传统文化继承发扬，为祖国的发展做出努力。我们在对待其他文化时要具备一定的辨析意识，具备一定的分辨能力，去其糟粕，取其精华，以理性思维看待文化的好坏，并树立起文化自信。

文化自信具有三个基本特性：一是持续性。就初中阶段的学生来说，拥有文化自信的初中生会一直处于积极稳定的心理环境之中，通过不断地汲取知识来丰富自己。从文化自信的生成过程来看，其形成绝非一朝一夕之功，需要一个长期、持续的过程，学生的成长会使文化内涵得到丰富，从而更好地了解本国文化，进而建立起文化自信，推动学生的长远发展。二是开放性。文化自信既要对本土文化有深入认识，还要有宽广的胸襟迎接其他国家的优秀文化，用开放、包容心态迎接新时代的到来，在不同文化的融合中，积极地把中华优秀文化传承下去，通过交流和传递的方式，把自己的优秀文明元素充分地展示出来。三是包容性。文化自信是文化主体在文化交流和融合过程中所表现出来的包容性。中华优秀传统文化之所以能延续五千年之久，主要在于中华文化在吸收新文化和吸收新

① 胡英. 初中语文课堂教学中如何增强学生文化自信 [J]. 作文，2023 (Z4)：91.

文明的过程中，顺应时代发展趋势，从而成为文化的引导者。

初中语文课堂教学中增强学生文化自信的策略具体如下：

一、指导学生理解文化并认同文化

要提高文化自信，先要了解中华优秀传统文化。虽然初中语文课程包含很多古诗词和古文，但是初中生对其学习热情较低，所以很难掌握相关内容。初中阶段文化自信的培养应从语文课堂入手，加强学生对中华优秀传统文化的认识。引导初中生把握机遇，主动挖掘中华优秀传统文化的内涵，用心品味其中的精华。在初中语文教学中，要注重发扬红色文化。教师可以给同学们放映关于革命斗争的录像，例如，为同学放映关于长征、中国共产党成立等相关的视频。让同学们认识中国人艰苦的革命历程，促使其加深对社会主义的认识。除了这些，我们还必须关注当代中国文化。当代中国科学技术进步很快，名师教学取得了很多成绩，教师可以给同学们放映像《辉煌中国》这样记录中国历史的优秀作品，增强学生的文化自信和自豪感。

二、强化学生文化理解的实施策略

在初中语文课堂中，教师可以让学生通过阅读和解读文本来提高自己的文化理解力，从而理解文本中文化的精神和表达的情感，引导学生通过语言文字和文本对话来强化文化理解，为培养文化自信打下基础。例如，教师讲授《背影》课程，一般都会把注意力集中到父亲为孩子购买橘子的困难上，透过观察父亲的体态、衣着，以及购买橘子的姿势，来了解父亲对孩子的关爱。这种阅读分析方法虽然能够使初中生从表面上了解父亲与孩子之间的关系，但缺乏对语言的深刻剖析，从而阻碍学生语文阅读水平的提高。其实，这时教师可以让学生思考："父亲为什么在告别时，越过重重阻碍，坚持要去购买橘子呢？"针对此问题，教师可以引导学生从文化角度去思考问题，"橘子"中的"橘"在民间写作"桔"，"桔"和"吉"相近，表示吉祥的意思，所以，"橘子"在很多人的理解中都有"大吉大利"的寓意。在车站，父亲坚持要给孩子买橘子，就是为了让孩子有一个好未来，把所有的希望都放在了孩子身上，让学生更好地感受父母对孩子的关爱。这样分析，可以促使学生从语言文字中，感受文本中包含的文化内涵，通过对文本进行深入解读，影响学生的文化情感，从而激发其文化自信。

三、通过阅读交流增强学生文化自信

在语文课上，教师要利用阅读交流的形式，激发学生的学习兴趣，增强其文化自信，并在此基础上，利用阅读交流活动，提高其阅读能力、表达能力和交际能力。如《红楼梦》《三国演义》《水浒传》《西游记》《儒林外史》等，这些都可以作为阅读交流活动的内容。教师可以定期组织阅读交流活动，让学生在活动中针对读物进行交流，分享自己的心得，共同学习，共同进步，从而进一步提升学生的文化自信。

四、在传统民俗中增强学生文化认同

民俗文化是传统文化的重要内容，也是民族精神的载体。开展民俗文化教育活动，可以让学生拥有爱国主义意识，提高其对中华文化的认同。例如，教师在讲授《社戏》《安塞腰鼓》等课文时，为让同学们领略丰富多彩的民族风土人情，领略不同地区的特色，在课堂上，可以利用录像、音乐、图片等形式，让同学们体验到民俗文化氛围。又如，教师在讲授《灯笼》的内容时，让同学们认识到，灯笼不仅仅是节日的符号，更具有深沉的文化内涵。"灯笼"是文化的一种体现—灯笼上描红的雅致，对灯笼的幻想等，都可以让学生感受到久违而深刻的历史氛围。"灯笼"融合了与祖父的温暖亲情、珍贵的母子情等，民间乡土风情、诗歌故事在文章里自然而然地流露了出来；作者在结尾表达了自己的志向，凸显了自己的责任与爱国情怀。这一刻，灯笼不再是一种风景，而是代表着一种骄傲，一种文化自信。

五、在活动中培养学生的文化自信

语文教育并不只是课堂上的，课堂之外的活动对提高学生的文化信心同样具有重要意义。首先，定期组织多种形式的课内外活动，使学生主动参与，充分利用其主体性，其语文学习能力得到提高。其次，充分发挥中华优秀传统文化的作用，以教材为基础，开展诗词大会、民间艺术、家乡文化传扬等各种形式的课外活动，让学生在体验各种教育形式的同时，也能通过课余活动，加深对中华优秀传统文化的认识，建立文化信心。例如，教师可以开展"为中华之崛起而读书"专题活动，体会伟人青年时代的伟大抱负，感受其为国家和人民而奋斗的精神。加强爱国主义教育，提高国家荣誉感。通过比较不同时代语境和当代中国的发展现状，让学生对国家更加有信心，从而实现文化自信的培养。最后，要主动开展诸如"我能行"的自信演讲，有助于学生从内心深处建立自信，并在舞台表演中获得自信。

教师可以从文化认知、文化理解、文化认同、文化革新以及语文教学的制高点来看待文化自信，促使学生为我们自己的文化而骄傲。通过对中华优秀传统文化的继承与发扬，增强学生的文化素养，使学生的综合素质得到进一步提升，进而培养学生的文化自信。

第二节　初中语文核心素养—语言运用

随着教育改革的不断深入，初中语文核心素养的培养越来越受到重视，其中，语言运用作为初中语文核心素养的重要组成部分，对于学生的全面发展具有重要意义。

一、初中语文核心素养中语言运用的地位

语言运用是指学生在具体的语境中，运用语言进行交流、表达的能力。在初中语文核心素养中，语言运用是最基础、最重要的一项能力，因为无论是在学习、工作还是生活中，都需要通过语言进行交流和沟通。因此，培养学生的语言运用能力，对于提高学生的语文素养和全面发展具有重要意义。

二、初中语文核心素养中语言运用的特性

第一，实践性。语言运用能力的培养需要学生在具体的语境中进行实践。只有在实践中，学生才能真正掌握语言的运用技巧，提高自己的语言表达能力。因此，教师在教学过程中应该为学生提供丰富的语境和实践机会。

第二，综合性。语言运用不仅仅是口头表达，还包括书面表达、听力理解等

方面。因此，培养学生的语言运用能力需要综合考虑学生听、说、读、写各方面能力的发展。

第三，个性化。每个学生都有自己独特的语言风格和表达方式。在教学过程中，教师应该尊重学生的个性差异，鼓励学生在语言运用中发挥自己的特长和个性。

三、初中语文核心素养中语言运用的策略

第一，创设语境，增强实践机会。教师在教学过程中应该创设多种语境，让学生在实际的交流和表达中锻炼语言运用能力。例如，可以组织学生进行角色扮演、模拟辩论、口头作文等活动，让学生在实践中提高自己的语言表达能力。

第二，综合培养，提升综合能力。教师在教学过程中应该注重培养学生的听、说、读、写等能力。通过阅读、听力训练、写作练习等方式，让学生全面提高自己的语言运用能力。同时，要注意各个教学环节之间的相互配合，形成完整的教学体系。

第三，引导自主探究，发挥学生个性特长。在教学过程中，教师应引导学生自主探究语言运用的规律和方法，发挥学生的个性特长。可以通过布置开放性的作业、组织学生自评和互评等方式，让学生积极参与到语言运用的学习和实践中来。同时，要尊重学生的个性差异，鼓励学生在语言运用中发挥自己的特长和个性。例如，有的学生擅长口头表达，有的学生擅长书面表达；有的学生喜欢用生动的比喻来表达思想，有的学生则更喜欢用严谨的逻辑推理来阐述观点；等等。教师应该在尊重学生个性差异的基础上，有针对性地指导学生发挥自己的特长和优势，提高他们的语言运用能力。

第四，运用信息技术手段辅助教学。随着信息技术的不断发展，教师可以运用信息技术手段辅助教学，提高语言运用的教学效果。例如，可以利用多媒体课件展示优秀的语言表达案例，让学生通过观察和模仿提高自己的语言表达能力；可以利用网络平台组织学生进行在线交流和讨论，让学生在真实的语境中锻炼语言运用能力；可以利用智能语音技术对学生的口语表达进行实时反馈和纠正，提高学生的口语表达能力。

综上所述，初中语文核心素养中的语言运用对于学生的全面发展具有重要意

义。在教学过程中，教师应该注重实践性、综合性和个性化特点，采取多种教学策略和方法提高学生的语言运用能力和语文素养。同时，学生也应该积极参与到语言运用的学习和实践中来，发挥自己的个性特长和优势，全面提高自己的综合素质和能力。

第三节　初中语文核心素养—思维能力

初中语文思维能力并不仅仅指学生在语文学习中表现出的简单理解能力或表达能力，而是更广泛意义上的思维能力和思维方式，它们是学生在学习语文过程中需要不断培养和提升的内在能力。这些思维能力主要包括抽象思维、形象思维和创新思维。

一、初中语文教学中的抽象思维

所谓抽象思维，简单而言是指借助于概念判断和推理，认识和反映事物过程的思维方式。有的研究者把抽象思维称为抽象逻辑思维、逻辑思维或分析思维。它与形象思维相对应，是思维主体结合自己的主观认识和情感因素，在感受研究对象的形象信息基础上，以语言、文字、符号、数字等为思维载体，以抽象分析分类等为基本过程，通过分析、综合、比较、抽象、概括等认知加工方式，揭露事物的规律和本质的思维活动。抽象思维可以分为形式逻辑思维与辩证逻辑思维两种思维形式。所谓形式逻辑思维就是凭借概念和理论知识，并按照形式逻辑规律进行的思维。这种思维的形式是概念、判断和推理。所谓辩证逻辑思维就是凭借概念和理论知识，按照辩证逻辑的规律进行的思维。形式逻辑思维是对相对稳定、发展变化不大的客观事物的反映；辩证思维是对不断发展变化的事物的反映。抽象思维是人类最主要、最基本的一种思维方式，因此语文学习离不开抽象思维。不仅议论文、说明文等文体的读写训练离不开抽象思维，散文、小说、诗歌等文学作品的读写训练也离不开抽象思维。

（一）抽象思维及其活动开展

1. 抽象思维的特性

抽象思维的特性有以下方面：

（1）抽象思维的普遍性。抽象思维在构成概念时，舍去了事物的具体形象，通过分析、综合、抽象、概括等基本方法协调运用，从而揭露该事物的普遍性—本质和规律性的联系，它抽取的是客观事物一般的、本质的、规律性的东西，舍弃了事物个别的、现象的、偶然性的东西，故而只反映事物的一般属性和普遍性（共性），而不反映其特殊属性和个性。它使概念不再包含对象内部的矛盾性、差异性、多样性和特殊性，而是抽象的同一性。例如，面对五颜六色的苹果、柑橘、香蕉、菠萝……却只说是"水果"，甚至说"植物的果实"；面对千姿百态的大雁、海燕、白鹤、天鹅……却只说是"飞禽"，甚至说"鸟纲"。"水果"或"植物的果实"以及"飞禽"或"鸟纲"等，就是从这些相应事物中抽取出来的，能够反映这些事物本质的普遍性。当我们面对"水果"或"植物的果实"，面对"飞禽"或"鸟纲"等抽象概念的时候，似乎有一种"枯燥""冰冷"的感觉，似乎它超越了眼前看到的现实，甚至是"脱离"了它们。这种感觉是很正常的。抽象思维作为一种重要的思维类型，是在分析事物时抽取事物最本质的特性而形成概念，并运用概念进行推理、判断的思维活动。逻辑思维的普遍性能帮助人们在思维过程中做到概念明确、判断恰当，为超越自己的感官去认清更加宏观、更加微观、更加快速变化的世界提供了可能性。如果没有抽象思维的普遍性，就不能准确界定概念和概念与概念间的关系，这种可能性就无法变成现实性。

（2）抽象思维的严密性。抽象思维最重要的特征是思维系统的严密性。抽象思维的严密性表现为规范性、必然性、规则性、可重复性。抽象思维的方法是一个多层次、形式化的系统方法，是由一个被形式化了的公理系统所组成。在这个公理化系统中，包含着许多逻辑思维的形式和逻辑规律，它的每个组成部分的构建和功能都是为整体服务的。在系统内部的各个组成要素之间存在着有机的联系，而且系统与外部因素之间也有着某种程度的关联。随着逻辑科学的进一步发展，这个系统将变得越来越复杂，越来越严密。

抽象思维注重纵向集中的线性过程，追求结论的有效性，因而思维进程的每一步都要有充分的根据，都必须采取肯定或否定的形式，有严格的真假规定。故而，它的思维进程从一开始就是在实现目标所规定的区域内进行，有条不紊、循序渐进、步骤严密，且具有很强的说服力。其结果可以由以往思维进程的每一步所验证。抽象思维的规范性不仅表现在它自身内部，还表现在它的检验与反思功能上，主要是在对假说的形成和科学认识结果的证明过程中，这些都需要建立在推理和论证正确、可靠、严密的基础上。

（3）抽象思维的稳定性。抽象思维着重研究的是对象的质的规定性和矛盾发展的相对稳定性；它以有序的思考方式，提出问题并验证解决问题。它的每一步都有严格的时间渐进顺序，概念—判断—推理的过程是不能跳跃前进的，即使在推理的省略式中，其省略的部分也是思维者心中自明的。任何事物在其发展、变化的过程中，都存在着自身的质的规定性，即相对稳定、静止的状态。这种事物本身所具有的运动的普遍性和静止的相对性，决定了人们的抽象思维活动既要反映事物内部及事物之间的运动、联系，也要揭示事物在某一方面或某一发展阶段上的有条件的确定性和稳定性。逻辑思维的确定性和稳定性能帮助人们发现偷换概念、转移论题、自相矛盾等这些看似简单的逻辑错误，以帮助人们在思维过程中做到概念明确、判断恰当、推理合乎逻辑和论证有力。由此，不少文章认为逻辑思维是机械化的思维，其程序是封闭式的推导，任何中断、飞跃、逆转的运作方式都不属于逻辑思维的范畴，得出逻辑思维是僵化、保守以及不能带来新知的思维。这显然是片面夸大了逻辑思维的有序性、相对确定性和稳定性。思维是客观现实的反映，而客观现实有其相对稳定、不大变化的一面，也有其不断运动和不断发展变化的一面。形式逻辑思维是对相对稳定、不大发展变化的客观事物的反映。所以，抽象思维具有稳定性的特点。

（4）抽象思维的层次性。抽象思维通过抽象形成概念、判断、推理，其抽象能力可分为以下三个层次：

第一，表征的抽象。表征的抽象是初始层次的抽象，是对事物表面现象的特征进行的抽象，抽取出来的主要是事物表面特征中的共性。例如，竹门、木门和铁门都是门，"门"就是抽取出来的事物的表面特征中的共性，这个概念反映了所有门的普遍属性。在语文教学中训练学生形成概念，有利于解决问题。

第二，本质和规律的抽象。本质和规律的抽象是深层次的抽象，是对事物内在本质和规律的抽象，因此抽象的结果通常是定理、定律或原理等。例如，"浸在流体中的物体受到一个支持力，其大小等于该物体所排开的流体重量"和"行星在椭圆轨道上绕太阳运动，而太阳位于椭圆的一个焦点上"这两个定律有一个显著的共同点，即它们不仅概括了观察到的事实，而且包含了一些重要的概念，诸如"支持力""椭圆"等。这些概念不是直接观察的产物，而是逻辑思维的独特产物和工具，有了它们，规律得以显现，知识得以简化。这就是对逻辑思维的本质和规律进行抽象的结果。

第三，形式结构的抽象。形式结构的抽象是更深层次的抽象，是对各种在内容上截然不同的事物所具有的共同形式结构的抽象，其抽象的结果与表面上的共性有本质区别。表面特征的抽象结果是可以直接进行感知的，而形式结构上的共性是不能直接进行感知的。形式结构的抽象是最高层次的抽象。

2. 抽象思维的功能

抽象思维可以帮助人们清楚地熟悉和把握直观感知的形象，并使人们对形象的感知得到促进和深化。抽象思维规范引导着人们的形象思维，帮助人们分析、审阅形象结构。总而言之，抽象思维能够规范和引导人们学习各科知识，建立学科体系，开展创新活动。

（1）靠抽象思维学习各科知识。目前，教学上运用抽象思维方法非常多，这说明抽象思维在学习各科知识中发挥着重要作用，抽象思维在教学中占有绝对优势。在学校各门课程学习活动中，大量地进行阅读、写作、计算、分析、逻辑推理和言语沟通等，其过程主要是以语言、逻辑、数字和符号为媒介，以抽象思维为主导。这些活动都是着重于左脑功能的发展。想要学习好必须发展大脑左半球的功能，重视言语思维能力，学会并善于运用抽象思维方法，这也是学习成功的基本条件。在学习中，抽象思维的作用是十分重要的。任何一门学科中的公式、定理、法则、规律，都必须通过抽象思维才能把握，其运用和解决作业任务等也都离不开抽象思维。所以，一定意义上说，掌握知识的过程，就是运用抽象思维，即掌握概念判断和推理的过程。

（2）凭抽象思维建立学科体系。观察事实的简单堆积不是科学，定律的简单汇编也不是科学。如果把观察事实比作第一层的砖瓦，科学便可以看作宏伟大厦，定律只是第二层次的组装结构。一旦能够覆盖几乎所有定律的一两个主定律诞生，一门科学便宣告成熟，这就是第二次飞跃，即由定律到理论的飞跃。有了逻辑推理，无次序的定律出现了次序；定律变成了定律链，后一个总可由前面的定律派生出来，处在链的最前方的便是主定律或公设。不仅如此，借助于逻辑推理，人们还能派生出新的定律。在理论形成之前，定律是科学家们发现的，而在理论形成之后，定律可以由一个中等智力的人通过推导和演绎得出。欧几里得几何学的诞生就是这种方法的楷模。欧氏的新贡献并不是在几何定律的集合中又增加了新的一条，而是实现了知识的第二次飞跃，把定律的集合进化为几何理论。正是有了这种整理和简化，才能够建立起了一个学科体系，使一个初中学生有望在半年之内掌握全部几何定律，人类的文明才得以传播和发扬。

3. 抽象思维的形式

抽象思维是人们在认识活动中运用概念、判断推理等思维形式，对客观现实进行间接的概括反映的过程。概念、判断的思维形式是抽象思维的重要特征，属于理性认识阶段。

（1）概念。概念是反映思维对象的特征及本质属性的思维形式，是反映事物本质属性的思维产物。概念所反映的对象的本质属性，称为概念的内涵，是概念的质。概念所指的属性的对象称为外延，是概念的量。概念的内涵与外延是互相制约的。一个概念，内涵确定了，外延也随之确定；外延确定了，在一定条件下内涵也随之确定；概念的内涵增加了，其外延就缩小了；反之，概念的外延扩大了，其内涵就减少了。任何概念都是内涵与外延的统一体。抽象思维凭借科学的抽象概念对事物的本质和客观世界发展的深远过程进行反映，使人们通过认识活动获得远远超出靠感觉器官直接感知的知识。科学的抽象是在概念中反映自然界或社会物质的内在本质的思想，它是在对事物的本质属性进行分析、综合、比较的基础上，抽取出事物的本质属性，撇开其非本质属性，使认识从感性和具体进入抽象，形成概念。

（2）判断。判断是对思维对象是否具有某种属性以及事物之间是否具有某种关系的肯定或否定的思维形式，它是在概念的基础上发展起来的一种更高级、更复杂的思维形式。概念与判断在抽象思维中是密不可分的。概念是浓缩的判断，判断是展开了的概念。表达概念的是词语，表达判断的是句子，判断与语句也是密不可分的。判断是句子的逻辑内容，句子是判断的表达形式。判断与句子的这种密切关系，决定了培养学生的判断能力要与句子的语法相结合。例如，简单判断（直言判断）的表达形式是单句，包括判断句、反向句等；复合判断的表达形式是复句，其中联言判断的表达形式是并列复句、递进复句和转折复句；假言判断的表达形式是假设复句、条件复句；选言判断的表达形式是选择复句。判断不当是学生在说、写中通常会出现的问题，如自相矛盾、主客颠倒、照应不周以及多重否定引起混乱等语病。由于现行的初中语文教材取消了逻辑知识短文，因而有关判断的知识和能力的培养，就主要靠结合句子的语法教学来进行。

具体而言，教学单句，应该尽量渗透简单判断的知识；教学复句，应该尽量渗透复合判断的知识；做修改病句的练习，应教学生不仅能从语法上看出句子的毛病，也要能够从逻辑上分析出问题的所在。这样就可以使学生的语法能力和逻辑判断能力同时得到提高。

4. 通过抽象思维开展创新活动

创新活动是指通过对现有事物的观察、分析、综合、推理、想象，突破原有知识的范畴，发现新规律，提出新方法，创造新产品、新成果，解决新问题的过程。任何创新活动都必须遵循客观规律和逻辑法则，违反了逻辑就不可能有任何真正的创新。因此，创新活动与抽象思维是密切相连的，真正的创新活动通常是从抽象思维开始的。抽象思维对开展创新活动的作用主要表现在引导调控创新目标、直接产生创新结果和准确表达创新结果三个方面。

（1）引导调控创新目标。在思维主体发掘新问题之前，其思维处于非逻辑状态，即思维主体的思维呈现出自由且富有创意，但混乱无序的特点。然而，这种无序的自由思维无法无限持续，当思维主体的思考过程达到一定程度，便会从中捕捉到关键点，使无序思维转化为抽象思维。在此过程中，抽象思维中的同一律、矛盾律和排中律对思维发展起到重要的引导和调控作用。依赖逻辑规律的引导，方能明确创新目标，实现创新发现。

例如，同一律具有客观性和必然性，强制性地规范思维主体的正确思维。在创新思维研究中，思维必须聚焦于一个核心，避免随意转移至其他问题，以免陷入思想误区，远离创新目标。矛盾律的作用在于确保思维主体保持思维的一致性，任何包含逻辑矛盾的观点都是不符合实际的，必须遵循矛盾律的要求，排除逻辑矛盾，从而实现创新或新发现。著名哲学家亚里士多德的"物体下落的快慢与物体自身重量成正比"的观点，束缚了人们的思维近两千年。然而，伽利略发现了这一观点中的逻辑矛盾，并将其排除，从而揭示了自由落体定律。这一创新发现正是运用了抽象思维中的矛盾律。

排中律是认识事物、发现真理的必要条件，因为任何正确的认识都与思想摇摆、含糊其词相排斥。当问题涉及两个相互否定的思想时，排中律要求人们选择其中之一为真。如不做出选择，便会导致含混不清，无法获得正确认识，进而影响创新性认识的形成。

（2）直接产生创新结果。抽象思维方法主要有假说、类比、归纳等。假说就是根据已知的科学事实和科学原理，对所研究的各种现象及其规律性提出的推测和说明，得到一个暂时的但可以被接受的解释。假说使一个新的事实被观察到了，使得过去用来说明和它同类的事实的方式不适用，从这一瞬间起，就需要新的说明。进一步地观察材料会使这些假说纯化，取消一些，修正一些，直到最后纯粹地构成定律，产生创新的结果。

类比即从两个或两类对象具有某些相似或相同的属性事实出发，推出其中一个对象可能是有另一个或另一类对象已经具有的其他属性的思维方法。由这种方法所得出的结论，虽然不一定很可靠、精确，但富有创造性，通常能将人们带入完全陌生的领域，并给予许多启发。通过类比思维，在类比中联想，从而升华思维，既有模仿又有创新。发明创造中的类比思维不受通常的推理模式的束缚，具有很大灵活性和多样性，是一种或然性极大的抽象思维方式。它的创造性表现在，发明创造活动中的人们能够通过类比已有事物开启创造未知事物的发明思路，其中隐含触类旁通的含义。

所谓归纳，是指从许多个别的事物中概括出一般性概念、原则或结论的思维方法，是从个别事实中概括出一般原理的思维方法，它从对个别事实的考察中，概括出其中的一般规律性，然后概括到同类事物上，从而断定，这个由个别事物中概括出的规律，也是该同类对象的共同规律。这是从个性中寻求共性的思维方法，它能够从大量观察、实验得来的数据中发现自然规律，总结出科学定理或原理；它也能够从科学事实中概括出一般规律，提出新的科学假说和理论。

（3）准确表达创新结果。抽象思维与人们的日常思维、语言表达、交流推理论证等有密切联系。从抽象思维规律对准确表达创新结果的作用看，同一律强制地规范着创新者的正确思维，同时通过规范对思维过程或思维成果的语言表达来保证思维的同一性；矛盾律规定了创新者保证思维的前后一贯，在表达的创新结果中，相互否定的思想不能同时为真，必有一假，否则它就不是一个完善的理论，没有逻辑矛盾的新理论才是创新的或新发现的；排中律也对创新结果的表达有着重要的作用，它规定了创新结果的表达"在同一思维过程中，相互矛盾的思想不能同时为假，必有一真"，如果含糊其词、表达不清，就不是创新的结果。我们再从抽象思维方法角度看。创新主体必须运用逻辑方法对创新的结果提出新的概念，并提出明确的界定和分类。概念的逻辑方法涉及定义、划分、限制和概括。定义是揭示概念内涵的方法，它可以消除或限制语言的模糊性和歧义性。划分是把属概念所包含的种概念揭示出来，进而明确属概念外延的逻辑方法；限制是通过增加概念内涵以缩小其外延来明确概念的逻辑方法；概念的概括则是通过减少概念的内涵以扩大其外延来明确概念的逻辑方法。运用概念进行判断推理、论证创新结果，确保创新结果表达的科学性和准确性。

（二）语文教学中抽象思维能力的训练

在语文教学中对学生进行抽象思维训练，必须遵循两个原则：一是要根据学生的年龄特点来进行抽象思维训练；二是要结合语言的理解来进行抽象思维训练。

1. 根据年龄特点训练抽象思维

在语文教学中对学生进行抽象思维训练，必须以学生的年龄心理发展的阶段性特征为原则。初中阶段按低、中、高三个年龄段分为三个学段，要尽可能了解和掌握各年龄段的心理特征、认识规律等，根据三个学段的相应学习内容特征，激发学习的兴趣，及时进行思维训练，凭借直观形象、启发引导、抽象思维，分段要求，逐步到位。

2. 结合语言理解训练抽象思维

语言是思维的工具，是思维的载体。离开语言，思维就无法进行。语文就是口头语言和书面语言的合称。故在初中语文教学中训练学生的抽象思维，必须遵循结合语言理解的原则。

（1）理解语词的概念意义。事物概念的表达需要借助语言形式，语词就是表达概念的外显形式。在语文学习中训练学生的抽象思维，就要指导学生在理解语词含义的同时，理解其所指称的事物概念的含义，包括其内涵与外延。

（2）理解语句的判断意义。语句是表达判断的主要形式。判断作为一种思维形式，其存在与表达也都要依赖语句。如果没有语词和语句，人们就不可能进行思维，也就不可能形成概念，进行判断与推理。作为思维形式之一的判断就是由语句表达的。在日常语言表达中，人们既是在使用语句，也是在运用判断。若出现病句，除了有语法上的原因外，还有判断不恰当的问题。因此，弄清语句与判断之间的关系，理解语句的判断意义，准确把握语句表达判断的各种具体情况，对于有效地避免病句的产生、准确恰当地运用语言表达思想，具有重要的意义。

第一，语句是判断的表达形式，判断是语句的思想内容。不依赖和不借助于语句的判断是不可能形成、存在和表达的。尽管语句与判断密不可分，但它们之间的区别还是很明显的。语句具有民族性，判断则是一种思维形式，不具民族性，或者说它具有全人类性；任何判断都必须用语句表达，同一个判断在不同民族语言中，是用不同语句表达的，但并非所有语句都表达判断；判断总对事物情况有所断定，而且总有真假，而语句却未必，其中陈述句与疑问句中的反问句、以陈述句为基础的感叹句（如"这座楼真高哇！"）等，对事物情况进行了断定，都有真假之分，因而都表达判断，但其他疑问句、祈使句、感叹句等，没有对事物情况进行断定，当然也无真假可言，都不表达判断。再有，不同的语句可以表达同一个判断，同一个语句可以表达不同的判断。

第二，要准确表达思想，必须重视句式的选择。汉语的句子有单句和复句之分；根据判断本身是否包含其他判断，判断有简单判断和复合判断之别。一般说来，单句表达简单判断，复句表达复合判断。就单句与简单判断而言，主语与简单判断的主项（包括它前面的量项）相对应，谓语则与简单判断的谓项（包括它前面的联项）相对应。

（3）理解语篇的推理方法。语篇是通过文本这一载体所传达的各种显性和隐性意义的总和。文本是指一篇语言材料在文字上的构成方式，它是以文字为单位的。概念含义、命题含义、语篇含义和语用含义这四种含义同时存在于语篇之中。语篇和文本有区别，又相互补偿。在阅读中，学生会根据语篇中明确表达的信息与自己的先前知识进行整合，发现语篇各部分之间的关联，得出语篇中没有明确表达而作者实际想要表达的信息，这样就产生了推理。推理是文本中没有明确提到却被激活的信息，或从语篇已知的语义信息中产生新语义信息的过程。推理不仅有助于学生在处理信息时提取知识，而且能促使语篇不同成分之间建立关联，进而形成完整而连贯的心理表征。可见，语篇理解在很大程度上取决于推理的产生，缺少必需和恰当的推理，理解就会不完全甚至产生误解。鉴于此，有学者把推理称为"理解过程的核心"。因此，对阅读过程中推理的研究一直是语篇阅读研究的重要组成部分。

阅读中许多因素会影响推理的产生，这些因素主要有两类：语篇因素和读者因素。影响推理的语篇因素主要有语篇体裁、语篇因果制约度等；而读者因素有读者的语言水平、阅读能力、背景知识等。

从语篇体裁看，不同的语篇体裁（也称文体）会影响推理过程。学生在阅读叙述类文体时比阅读说明类、议论类等其他文体更易于进行推理。这是因为记叙类文体与人们的日常生活情景联系较为密切，在理解日常生活经历时所用的推理机制和知识结构也会在记叙类文体的理解中被同样使用。相对来说，说明文、议论文通常是脱离日常生活的具体情景的，通常是为了向读者传递新的概念、普遍真理和技术信息等。

二、初中语文教学中的形象思维

"所谓形象思维，是指思维主体结合自己的主观认识和情感因素，在感受研究对象的形象信息基础上，借助对研究对象相关的形象信息进行分析、综合、比较、抽象、概括、想象、联想等认知加工方式，对研究对象的本质和规律进行审美判断或科学判断的思维。"[1]

艺术品中的形象思维，其塑造的形象中包含着作者对艺术品的审美判断。例如，林黛玉的叛逆、堂吉诃德的脱离实际、奥赛罗的嫉妒与冲动、阿Q的"精

[1]刘金生，张莉敏，杨兰萍.初中语文教学课堂设计探究［M］.长春：吉林人民出版社，2020：155.

神胜利法"，这些都是作者对作品典型人物的典型性格进行的审美判断。

（一）形象思维的特性与作用

1. 形象思维的特性

（1）形象性。形象思维既然是思维，当然也必须遵循思维的一般规律，那就是由感性认识上升为理性认识。但形象思维是始终离不开感性材料的，形象思维要完成认识的概括和飞跃，始终要借助形象的生成和组合。它是把抽象的思想或深沉的情感熔铸在具体的形象之中。因此，形象思维最基本的特点就是形象性，事物的形象就是形象思维所反映的对象，作家总是以自己在生活中获得的感性材料为依据，从自己认识的人、事、景物出发来进行形象思维。在思维过程中，既把这些人、事、景物的感性形象作为思维的手段，又当作思维的对象。

形象思维的形象是熔铸思维主体情意的物象，亦称为意象。意象的意是指内在的抽象的心意，象是指外在的具体的物象。意源于内心，但借助于外在的象来表达，所以象便成了意的寄托物。简言之，所谓意象是指作者不直接抒发自己的感情，表达自己的思想，而是借助对一些自然景物或生活中的各种物品的描写来曲折地抒发感情，表达思想。这些蕴含感情和思想的自然景物、生活物品就叫意象。例如，李白在《蜀道难》中写了许多景物形象，有鸟道，有开山的武丁，有六龙回日，有黄鹤、猿猱，有悲鸟、子规、连峰、枯松、瀑布等，这些景物片段都可以说是意象，它们连缀成为一个整体，就形成豪放的气势、激昂的感情，使人读后为之振奋，想去迎接和征服大自然的艰险。

表达形象思维的工具和手段是能为感官所感知的图形、图像、图式和形象性的符号。形象思维的形象性使它具有生动性、直观性和整体性的优点。

（2）想象性。思维主体运用已有的形象创造出新形象的过程就叫想象。艺术家不是"全知全能"，但他又要从"全知全能"的角度去观察和感知生活的全貌、整体及运动过程，去塑造典型的人物形象和景物形象。不借助想象、联想和幻想，是不行的，即便是真实的历史题材，要想把它改编成小说、戏剧电影、电视剧等文学作品，也得在真实的历史题材的主干上通过想象来添枝加叶，即增加情节、丰富细节描写。陈寿的《三国志·诸葛亮传》就是真实的史料，但它叙述刘、关、张三顾茅庐仅仅用了12个字："于是先生遂诣亮，凡三往，乃见。"罗贯中的《三国演义》就将这 12 个字通过想象自由灵活地挥洒笔墨，演绎成将近"两回"的内容，其间包括刘、关、张同顾茅庐的不同心态；卧龙岗上如同桃花源一般的仙境描绘；司马徽、崔州平、石矿元、孟公威、诸葛均等人的形象描写；刘备求贤若渴、礼贤下士的性格；诸葛亮的超人智慧和远见卓识的高人形象等，都活脱脱地跃然纸上。这就是"想当然尔"的艺术创造，它得力于作家想象力的自由驰骋。

（3）情感性。情感是对客观事物是否满足人们需要的态度上的反映。客观事物与人的需要之间的关系不同，人对客观事物的好恶态度也有所不同。例如，对好人好事流露出喜欢赞扬，对坏人坏事流露出憎恶反感。包括形象思维在内的一切思维活动都要受到情感活动的驱使与制约，在艺术形象的塑造中一定会渗透作者的感情色彩，有明的、有暗的、有直接的、有间接的。所谓文贵情真、寓情于景、情景交融，"一切景语皆情语"，这些艺术创作中的说法都关乎一个情字，情为文之魂。形象思维中的形象塑造要借助想象和联想，而想象联想要靠情感来推动。可以说，形象思维的动力是情感，形象思维的材料与内容也是情感。

（4）典型性。形象思维的细胞是"形象"，但这个形象已经不是具体事物的形象了，它是从具体事物中抽取出来的典型形象。它从具体事物中剔除了次要的、偶然的、表面的、非本质的东西，从中抽取出一般的、共同的、本质的东西。这样创造出来的艺术形象既有具体、生动、鲜明的个性特征，又具有能揭示社会生活本质，充分表现重大意义的普遍性。总之，它是借助现象反映本质，借助个性反映共性，写一人，代表一群。可见，形象思维的形象一定是典型化的形象。艺术作品中的人物是根据实际生活中的原型进行的广泛概括，但它又不同于实际生活中的原型，它比现实生活中的原型更高、更集中、更典型，因而更具有普遍性。但有些生活中的原型在未进入作品之前本身就很典型。如《卡巴耶夫》中的卡巴耶夫、《钢铁是怎样炼成的》中的保尔·柯察金，他们在生活中的原型分别是卡巴耶夫、奥斯特洛夫斯基。这两个生活原型本来就典型。

（5）渗透性。所谓渗透性是指形象思维与其他思维是互相渗透、互相推移的，特别是通常与抽象思维结合使用。

抽象思维要渗透进形象思维。以文学创作为例，作家从事文学创作主要用形象思维，这是无疑的。但是，作家在创作中怎样去认识生活、怎样去表现生活，这就要受他自身的世界观、人生观、价值观、伦理观、道德观、文艺观的影响，受社会风气和社会思潮的影响。这就注定了文学创作一定要渗透抽象思维活动。作家塑造人物形象还要把形象摆在现实生活中去考察其社会关系、阶级关系，思考人物形象的政治意义和道德意义。甚至把作品的整个内容与现实生活的情势或历史发展的倾向联系起来进行分析、研究。有时根据刻画人物身份性格的需要，还要让塑造的人物做政治演讲和道德说教，做科学的说明甚至数字的计算。所有这些，都要借助抽象思维的渗透。形象思维主要用于艺术创作，特别强调形象性、想象性、情感性、典型性。但形象思维只是粗线条地反映问题，只是从整体上把握问题，对问题的分析也只是定性分析或者顶多是做半定量分析。能给出精确数量关系的只有抽象思维，虽然在艺术创作中是以形象思维为主，但不可避免地要将抽象思维与形象思维巧妙结合。

抽象思维渗透进形象思维，形象思维也可以渗透进抽象思维。形象思维在科学研究中具有认识与发现作用、解题作用与创造性作用。抽象思维借助形象思维产生创新思想，引发科学发现；形象思维协助抽象思维完成科学发现。

（6）非逻辑性。抽象思维加工信息是一步一步、线性地进行的，进行过程中是首尾相连接的。形象思维可不是这样，形象思维可以调用许多形象性材料，将这些材料加以整合，形成一个新的形象，或者由一个形象转换到另一个形象，它加工信息的过程不是系列加工过程，而是平行加工，是平面性的或立体性的。它能够使思维主体很快地从整体上把握住问题的实质。这些就是形象思维非逻辑性的特征。在科学研究中，形象思维这种非逻辑性特征有着抽象思维不可替代的作用。

2. 形象思维的作用

在初中语文教学中，形象思维具有以下重要作用。

（1）加深学生对文章的理解。形象思维能够帮助学生将抽象的文字转化为具体的形象，从而更好地理解文章内容。通过想象和联想，学生可以更加深入地理解和感受文章所表达的情感和思想。

（2）提高阅读和写作能力。在阅读和写作过程中，学生需要运用形象思维来构建场景、人物形象等，这有助于提高学生的阅读和写作能力。通过形象思维，学生能够更好地理解和创造语言，使自己的表达更加生动、形象。

（3）激发学生学习兴趣。形象思维能够激发学生的想象力，使学习变得有趣、生动。当学生通过想象和联想将文字转化为具体的形象时，他们会更加投入地参与到学习中，从而提高学习效率。

（4）促进创造性思维的发展。形象思维是创造性思维的重要组成部分。通过形象思维，学生能够从不同的角度和层面思考问题，提出新颖、独特的观点和解决方案。这有助于培养学生的创造性思维，促进学生的全面发展。

（二）语文教学中形象思维能力的训练

1. 形象思维能力训练的意义

在思维能力中形象思维和抽象思维同样重要，这两种思维能力的培养应该是相得益彰、相辅相成的。如果没有形象来支撑，抽象思维的发展就会受到影响。现代大脑科学研究证明：人脑是由左右两个半脑组合而成的。由左半脑主管语言、逻辑、数字的运用；由右半脑主管音乐、美术、空间的知觉辨认。从思维角度看，左脑的功能是主管抽象思维，右脑的功能是主管形象思维。人的思维活动正是在左右两个半脑的共同配合下完成的。教学特别是语文教学，要最大限度地同时开发学生的左脑和右脑，这样学生的抽象思维能力和形象思维能力方能齐头并进。

形象思维对于学生的语文学习有着特殊的意义。语文教材中大量的选文属诗歌、小说、戏剧、散文，这些文学作品的创作主要借助的是形象思维，学生对这些作品的鉴赏也主要靠形象思维。学生的记叙文写作训练，特别是诗歌、散文等的写作训练，从立意选材到布局谋篇，再到遣词造句，哪一个写作环节也离不开形象思维。这说明语文学习需要借助形象思维，也说明语文学习对于发展学生的形象思维能力具有得天独厚的优势。学生有了形象思维能力，不仅可以帮助他学好语文，而且可以帮助他学好其他学科。

形象思维的运作机制是无论创作还是鉴赏始终离不开形象，形象要借助想象与联想、想象与联想要靠情感来推动。因此，形象、想象、联想、情感是形象思维的四大要素，也是形象思维的运作机制。因此，语文教学中培养学生形象思维能力主要是培养感受和描写形象的能力、培养想象能力、培养联想能力，从而学会把握审美情感。

2. 形象思维能力的训练途径

（1）训练学生感受形象与描绘形象的能力。事物的形象就是形象思维所反映的对象。语文课中诗文的形象主要指文学作品中的语言形象，即以语言为手段而形成的文学形象，是作者的美学观念在诗文中的创造性体现。形象的具体因素包括环境、人物、场面、情节等。形象思维的第一要素是形象，训练学生的形象思维，就要引导学生从诗文的阅读中去感受形象，从诗文的习作中去再造或创造形象。

第一，训练学生在阅读中感受形象。文学形象具有知觉、表象和想象所能把握的生动可感的属性，它不同于科学上表示概括性类别和属性的抽象图示和模型，而是表现为具体、生动、独特和个别的形态，或是一片景象，比如某个人物。

在引导学生体验景物形象的过程中，我们要让他们深入领悟景物所蕴含的意蕴，通过景物形象探寻作者的情感世界，观察作者如何运用景物形象来传递情感和表达意境。如在讲授杜甫的《登高》时，针对诗句"无边落木萧萧下，不尽长江滚滚来"，教师应首先引导学生从阅读中自行提炼出两种景物：落木与长江。接着，向学生介绍杜甫的生活年代，让他们认识到这首诗是杜甫在 55 岁时，临近生命终点前三年，身患重病之际创作的。在此基础上，引导学生由树及人，展开联想，体会杜甫在面对落叶飘零的景象时所感受到的情感。他们会领悟到，诗中所描绘的自然晚秋景象寓意着人生晚年的境遇，落木萧萧的意象传达了杜甫对生命短暂的感慨。

其次，教师引导学生探讨长江景象所蕴含的意蕴。通过联系苏轼的词句"大江东去，浪淘尽，千古风流人物"，学生可以从"不尽长江滚滚来"的描述中，领悟到杜甫对历史长河永恒不息的感慨。

最后，教师要求学生将两句诗中所描绘的两种景物相互联系，思考其内在关系。他们不难发现，杜甫将落木与长江相对照，意在借助历史长河的久远性来反衬人生生命的短暂。尽管诗中流露出一种无可奈何的情绪，但同时也表现出对生老病死这一自然规律的豁达态度。

引导学生把握人物形象，就要透过形象认识人物的典型性格，进而体悟作者的审美感受和全文的主题思想。如教《装在套子里的人》，教师可先让学生通过阅读，整体感知课文，抓住"套子"理出小说的情节结构，让学生初步认识别里科夫的表里如一的"套子式"的性格特征，然后采用探究合作的方式来深入理解别里科夫的人物形象。

第二，训练学生在写作中描绘形象。学生作文少不了记人叙事、写景状物，这必然涉及形象的描绘，是在写作教学中训练学生形象思维的重要环节。训练形象描写可以与阅读鉴赏教学结合进行。写作开始不一定成篇，可先练习写片段。

一是训练学生在阅读鉴赏中模仿创新形象。人们在学习和实践中积累起来而储存在大脑中的知识单元，被思维科学称为"相似块"。这种"相似块"大量地存在于客观事物和认识主体的思维活动中。创新本质上是发现并构建两个或多个研究对象之间的相似性或关联，进而形成一个由小及大、由低级到高级的综合性体系。在这一过程中，创新的关键在于寻找并挖掘相似点。阅读鉴赏有助于丰富学生大脑中的相似块，从而为创新提供素材。写作过程中的模仿则是大脑中相似块的自动整合、连接和激活，通过这种同中异变，产生出新的思维成果。课文借鉴作为一种创造性的模仿技法，在作文教学中具有显著效果，实现了读写能力的紧密结合。在模仿中创新，就是以阅读带动写作，以写作促进阅读，使阅读与作文相互渗透。教师在引导学生进行形象描绘训练时，可充分利用模仿课文的方式，关键在于加强教学指导。

例如，朱自清《荷塘月色》中有一段描写荷塘景色的名句："层层的叶子中间，零星地点缀着些白花，有袅娜地开着的，有羞涩地打着朵儿的；正如一粒粒的明珠，又如碧天里的星星，又如刚出浴的美人。"针对这段描写，教师指导学生仿写可按以下步骤进行，首先设计一个问题：请仿照上面这句话，另选一种景物进行描写，要求用上面这句话的基本句式，并运用排比、拟人和比喻的修辞手法。其次，为了有效地完成这一仿写训练任务，教师先要引导学生对这句话的基本句式、修辞手法做具体分析，为后面的仿写提供凭借。通过分析，学生可明确："层层的叶子中间，零星地点缀着些白花"，这是点出描写对象—荷花；"有袅娜地开着的，有羞涩地打着朵儿的"，这里是两个拟人句，拟的是少女的姿态和情态，富有神韵，惹人爱怜，将一个状动结构和一个状动宾结构分别放入"有……的"之中；"正如一粒粒的明珠，又如碧天里的星星，又如刚出浴的美人"，这里连用三个比喻构成排比句，描摹淡月下荷花的美感，"明珠"比喻淡月辉映下荷花晶莹剔透的闪光，"碧天里的星星"比喻绿叶衬托下的荷花忽明忽暗的闪光，"刚出浴的美人"比喻荷花不染纤尘的美。三个比喻是三个偏正短语构成的并列关系。

最后，厘清了仿写对象的基本句式和修辞手法后，教师再做仿写示范引路，并做扼要分析：悠悠白云中，隐约地横亘着一座座青山。（点出描写对象青山）有腼腆地躲进雾霭的，有大方地露出真容的（两个拟人拟出山或隐或显、扑朔迷离的朦胧美），正如一柄柄直指碧空的利剑（比喻山挺拔高俊），又如苍穹中腾飞的一条条巨龙（比喻山形的绵延起伏），又如一道蜿蜒的绿色屏障（屏障比喻山紧连着山、岭紧挨着岭的态势）。这就写出了云雾中山的美感。有了以上两个步骤的铺垫，就可以让学生做仿写训练，然后对学生仿写的语言进行讲评。

二是在文学教学中引导学生深入阅读作品，挖掘其中的艺术形象。在各类文学文本中，人物性格、对话、生活场景、心理描写细节等方面都存在诸多未定点和空白，这些本身就构成了再创造的可能与边界。它们如同一道召唤，期待读者在适当范围内充分发挥想象力，这就是艺术作品的召唤结构，或者称为结构的召唤性。诸如"画鱼不画水，此间自有波涛"的表述，意指那未曾描绘出的波涛，以及其中所蕴含的意境，正是艺术空白的精髓。艺术空白普遍存在于各类艺术形式中，如绘画中的留白，建筑的借景，音乐的旋律间断，电影、电视的空镜头，书法的笔断意连，以及文学作品的模糊性等，均是艺术空白的表现。艺术家们善于运用这种"空白"和不完美的形态，为欣赏者营造出广阔的想象空间，从而产生更为强烈的触动。以陶渊明的《饮酒》诗为例，其中"采菊东篱下，悠然见南山"的句子，陶渊明所见的南山景色并未详细描绘，这便构成了一处艺术空白。

三是以综合性学习实践活动作为课程的重要组成部分。实际上，其已被纳入语文学习之中，成为五大教学目标板块之一。这一举措使得语文课程从封闭走向开放，具有深远的意义。语文综合性实践活动能够实现语文听、说、读、写能力的有机统一，紧密连接语文与生活，实现与其他学科的交叉整合，以及书本知识学习与实践运用的紧密结合。因此，在语文综合性学习实践活动中，对学生思维能力的训练具有更为广阔的空间，灵活性、综合性、多元性更强。

形象思维是综合性学习的基石。形象是大脑对外界事物的认知印象，这种印象可通过物化形式再现，被人的感官所感知。因此，在开展语文综合性学习实践活动时，教师应创设问题情境，丰富学生的形象思维。

（2）训练学生的想象力与联想力。在形象思维中，无论是感受形象，还是描绘形象，都要借助想象与联想。想象与联想是形象思维的主要加工方式，因此培养形象思维能力，就要培养学生的想象与联想能力。

一是在识字教学中训练学生的想象力。汉字符号是单一、表象、修辞的符号。汉字具有十分鲜明的形象性特点，又具有丰富的文化内涵，蕴藏着汉民族的思维方式、审美观念、社会心态和价值取向，所有这些决定了汉字能给人以广阔的想象空间。例如，我们从一个"飞"字，仿佛能看到一种飘飘欲仙的神态；从一个"饭"字，让人想到"民以食为天"，想到"兵马未动，粮草先行"。因此，识字写字教学还能训练学生的想象能力。

二是在识字教学中训练学生的联想力。汉字本来就是"物与形""理与字"的联想的产物，所谓"依类象形""分理别异"就是这个道理。因此，识别汉字最容易引发人的联想。教师可以引导学生借联想辨别部首，帮助识写某一类文字。例如，以"木"字为基础，可联想到"杆""桂""标""梧""树"；以"心"为基础可联想到"思""想""念""愁""息"；凡与太阳有关的字，均有一个"日"旁；凡与语言有关的，都有一个"讠"旁；凡与水有关的，必有一个"氵"旁。根据汉字音、形、义三位一体的特点以及六书的造字方法，在识字教学中可以凭借生活积累以及知识储备，从汉字的原型出发，展开由此及彼、由近及远、由浅入深的联想，来理解汉字的形、音、义。教师借联想构建字形字义联系，编写字谜让学生猜，使学生在猜字谜中识记生字。学生随着识字量的增加、知识面的扩大、生活经验的丰富，可通过联想自创谜语来认识生字。教学"奋"字，学生编出：一群大雁田上飞；教学"美"字就编出：羊字没尾巴，大字在底下；学习"金"字就可以编出：一个人，他姓王，口袋里装着两块糖。通过直观手段、形象语言，把一个个抽象的汉字演绎成一个个生动的故事和一幅幅有趣的图画，既激活了学生的思维创造力，又展现了语文课的趣味性，提高了识字效果。

三、初中语文教学中的创新思维

创造性思维是一种产生新思想的思维活动。有学者认为，产生新思想主要依赖的是非逻辑思维。不过，新思想产生之前的酝酿过程以及新思想产生之后的论证过程都离不开逻辑思维的作用。创新思维是非逻辑思维和逻辑思维的融合和互补，但非逻辑思维是创新思维的关键与核心，在创新思维过程中起着决定性的作用。创新思维不仅要"创"，而且要"新"。无论是创造一个新思想、新事物，还是解决一个新问题，都必须先在思想上进行创新，然后再用逻辑思维把它造成一个逻辑系统。创新思维也称为创造性思维，就是因为它不仅要"创"，而且要"造"，要把它造成一个逻辑系统。这就离不开逻辑思维的作用。因此，在创新思维的训练中还要运用逻辑思维的方法。

（一）创新思维的构成与特征

创新一词起源于拉丁语，原意有三层含义：第一，更新；第二，创造新的东西；第三，改变。而创新作为一种理念，最初形成于 20 世纪初。美国哈佛大学教授熊彼特在 1912 年首次将创新引入了经济领域。此后，创新理念以及创新思维逐步扩散至各个学科和各个领域。尤其是在当今社会，创新在世界范围内成为一个出现频率非常高的词，无论是国家、民族、学校、企业还是个人，几乎都时刻不忘提及创新思维。说到创新思维，要从思维说起。思维是人脑对外界事物概括的间接的反映，是认识的高级阶段，即理性认识阶段，它反映事物的本质和内部规律性。思维有两个特性：一是概括性；二是间接性。所谓概括性，有两个意思：第一，思维能揭示一类事物所特有的共性并能把它们归结在一起，从而认识该类事物性质及其与他类事物的关系；第二，思维能从部分事物相互关联的事实中，揭示普遍的或必然的联系，并将其推广到同类的现象中去。所谓概括性，就是从事物现象中抽象出本质、特性和规律来。所谓间接性，就是思维对感官所不能直接把握的或不在眼前的事物，借助于某些媒介物并通过头脑加工来进行反映。思维的概括性和间接性是互相联系的。再说创新，创新是指以现有的思维模式提出有别于常规或常人思路的见解为导向，利用现有的知识和物质，在特定的环境中，本着为满足社会需求而改进或创造新的事物、方法、元素、路径、环境并能获得一定有益效果的行为。

1. 创新思维的构成

（1）求异的积极性。求异是指思维主体对某一研究问题求解时，不受已有信息或以往思路的限制，从不同方向、不同角度去寻求解决问题的不同答案的一种思维方式。求异就是关注现象之间的差异，暴露已知与未知之间的矛盾，揭示现象与本质之间的差别的一种思维，即从多方向、多角度、多起点、多层次、多原则、多结果等方面思考问题，并在多种思路的比较之中，选择富有创造性的新思路。求异思维方法的内核是积极求异、灵活生异、多元创异，最后形成异彩纷呈的新思路、新见解。可以说，求异思维方法是孕育一切创新的源头。科学技术史上许多发现或发明就是运用这种思维方式的结果。

求异的内容和思维运行方式决定了求异思维具备四个典型特征：灵活性、积极性、多元性、试误性。求异思维的灵活性和积极性有利于自主性的创造，而多元性和试误性则有利于创新成果的选择，所以求异思维贯穿于整个创新活动过程。在这四个特征中，积极性尤为关键。因为它表现出思维主题在面对问题时是否能主动地、积极地寻求不同的解题答案。求异思维的本质包含广博的开拓创新功能。运用求异思维方法，能够克服思维模式的凝固化和一统化的弊病，冲破陈旧的思维模式，把思维从狭窄、封闭、陈旧的体系中解放出来。具有创新思维的人通常表现在对司空见惯的现象和已有的权威性结论持怀疑批判态度。

（2）洞察的敏锐性。洞察是知觉和事物相互渗透的复杂的认识活动。在洞察的过程中，不断地将观察到的事物与已有的知识或假设联系起来思考，把事物之间的相似性、特异性、重复现象进行比较，发现事物之间的必然联系，提出新的发现，这也是创新思维所具有的特征之一。所谓洞察，是指一个人多方面观察事物，从多种问题中把握其核心的能力。通俗而言，洞察力就是透过现象看本质，就是"开心眼"，就是学会用心理学的原理和视角来归纳总结人的行为表现。任何事物都是由"看得见"与"看不见"的两个部分组成。"看得见"的部分就是现象部分，"看不见"的部分就是本质部分。后一部分虽然"看不见"，却可以经由我们的洞察系统发现。"看不见的部分"决定了"看得见的部分"。

人类对事物的认知主要依赖于过往的经验。对于超出经验范畴的事物，我们往往无法做出恰当的反应。现象与本质之间存在密切关联，决定着现象的部分特征。因此，自我觉悟和自我体验至关重要；从某种意义上来说，透过现象才能洞察本质。

一个人若能够发掘并进入洞察模式，就有可能彻底改变自己，甚至改变性格和秉性。缺乏洞察力的人往往只能关注到局部而忽略整体，无法全面把握问题。在决策过程中，缺乏洞察力的领导者可能会导致资金和人力的大量浪费，因为他无法抓住问题的根本，从而无法制订出有效的解决方案。创造性洞察力无疑是成功的重要基石。

要挖掘并增强洞察力的敏锐性，以下方面至关重要：第一，勤于观察，积累经验。对收集到的信息进行去伪存真、由此及彼、由表及里的系统分析，使之成为有价值的资料信息。一个人的洞察力与其经验密切相关，经验越丰富，洞察力越强。观察力的锻炼有助于注意力集中，使人心明眼亮，既能提高视觉灵敏度、瞬间注意力，也能增强记忆力和创造力。第二，保持好奇，主动探究。开启好奇心，才能主动发现和提出问题。提出的问题越多，解决得越多，获得的知识也就越多，智慧性越强。第三，科学思考。从资料到洞察的过程，既涉及广泛的知识领域，也需要经过科学系统的思考。只有对事物有客观的认识和准确的预测，才能具备洞察力。第四，关注细节，留意事态变化。许多优秀人物都能在细节中发现别人未曾留意的事物，并据此进行大胆推断。事物总是不断发展变化的，关注事态的发展与变化，是提高洞察力的有效途径。

（3）想象的丰富性。想象力是人类创新的源泉，加强想象的丰富性，对于提升创新能力具有至关重要的作用。想象力是发明、发现及其他创造活动的源泉。所谓想象力，是指人以感性材料为基础，把表象的东西重新加工而产生新的形象。创新思维始终伴随着创造性想象。创造性的想象，能不断改造旧表象，创造新表象，赋予思维以独特的形式。在创造性想象中，人们运用想象力去创造所希望实现的一件事物的清晰形象，接着持续不断地把注意力集中在这个思想或画面上，给予它以肯定性的能量，直到最后它成为客观的现实。想象力的伟大，是我们人类能比其他物种优秀的根本原因。因为有想象力，人类才能创造发明，发现新的事物定理。如果没有想象力，我们人类将不会有任何发展与进步。想象是创新的源泉之一，而想象有时难免带上种种主观臆测、虚假和错误成分。

提高、丰富自己的想象力需要遵循以下方面：第一，要积累渊博的学识和丰富的经验。想象无非是对已有的知识、表象和经验进行改造与重新组合，从而创造新形象。因此，头脑中储存的表象、经验和知识越多，就越容易产生想象。一个孤陋寡闻的人是很难经常产生奇想的。第二，要善于把不同种类的表象加以重新组合，以形成新的形象。第三，要善于把同类的若干对象中的最具代表性的普遍特征分析出来，然后集中综合成新的对象。第四，要善于抓住不同事物之间的相似性进行想象。想象可以通过比喻的途径来完成。如人们通常把"爱心"比作滋润心田的雨露，从而将这个抽象的概念具体化。第五，要善于把适合于某一范围的性质扩展到整个等级。想象也可以通过夸张的途径来完成。夸张的关键在于通过用具体的局部去代表未知的整体，从而使整体具体化。如当人们只看到月牙时，他们就认为自己看到了整个月亮，这就是通过夸张来想象。

2. 创新思维的特征

创新思维主要是非逻辑思维，是非逻辑思维和逻辑思维的融合和互补。据专家学者的研究，它有很多特点，例如有理性的、非理性的；有相同的、相异的；有积极的求异性、洞察的敏锐性、想象的创造性、知识结构的独特性和灵感的活跃性等。创新思维最显著的特点主要有如下方面。

（1）独创性特征。所谓独创性，是指思维发散的新颖性、新奇性、独特性的程度。这是创造性思维的基本特点，亦是它的核心要义。创造性思维活动是新颖的、独特的思维过程，它打破传统和习惯，不按部就班，解放思想，向陈规戒律挑战，对常规事物怀疑，否定原有的框框，锐意改革，勇于创新。在创造性思维过程中，人的思维积极活跃，能从与众不同的新角度提出问题，并展开探索，开拓别人没认识或者没完全认识的新领域，以独到的见解分析问题，用新的途径、方法解决问题。善于提出新的假说，善于想象出新的形象，思维过程中能独辟蹊径、标新立异、革新首创。具体而言，创新思维的独创性突出表现在三个方面：一是独特性。个体自觉而独立地操纵条件和问题，找出解决问题的关系、层次和结点，思维的结果具有典型的个性化色彩。二是发散性。以某一给定的信息或条件为轴心，延展出各种各样的数量众多的信息。三是新颖性。无论是概念、假设、方案还是过程与状态或结果都包含着新的因素。在以上三个层面之中，新颖性是衡量思维独创性的最重要的指标。

思维独创性之特质，可分为两点：第一是新颖独特，罕为人见；第二是机智灵敏。由此可知，独创思维实为一种富有创新精神的高智力运作。独创性思维之成果，在于知识和信息的增值，这是常规思维所难以企及的。在语文教育领域，尤其是作文教学环节，思维独创性的重要性尤为突出。若文章缺乏独创性思维，往往会陷入固有思维定式，导致文章出现立意平凡、选材老旧、结构僵化、语言单调等诸多不足。

在语文教学中培养学生思维的独创性，应当着重培养以下三种意识：一是问题意识。问题是人们认识活动的动力，是人们思维的启动器，是从未知到已知的桥梁和中介。一切学习活动有效性的前提都与问题相关，而问题又会以一种决定性的方式反过来作用于我们的思维世界。把握住问题与问题解决的相关性，就能得到如何找到线索、如何进行研究的启示。没有问题就没有创新。二是批判意识。即用怀疑的眼光去发现问题，用审视的眼光去识别真伪，用无所顾忌的勇气去否定伪科学和假知识。批判意识的先决条件是怀疑，怀疑就是为了破除盲从，扫除传统谬误的偏见。这种积极的怀疑是创造的起点。三是审美意识。审美意识是指具有一定审美能力、审美观点、审美标准的人，在客观存在着的美的事物刺激、感染后，引起的主观内部体验、欣赏和评价，从而产生感情上愉悦的心理状态。审美意识就是创新意识，符合"创造"的要求：首先发现别人没有发现的东西；其次更正或改善别人已有的东西。审美感知的过程是一个运用并且也锻炼注意力、观察力、记忆力的过程，而这些能力恰恰是构成创新意识的智力因素。培养审美意识的过程与培养创新意识的过程是同步的。

（2）多向性特征。所谓多向性，是指在解决问题时，具备从多个角度进行思考的能力，当一条路径行不通时，能够寻求其他途径。培养多向思维的方法包括：一是发散思维，针对一个问题，产生多种设想，以拓宽选择范围。二是替换思维，事物往往受多种因素影响，即为多元性，通过替换其中一种或多种因素，可达到目标。三是转移思维，当一方受阻时，转向另一方，不断尝试，直至成功。四是创新思维，在已取得成功的基础上，寻求更优的解决方案。创新思维不受传统单一观念的限制，具有开阔的思路和全方位的问题提出能力；能够提出多样化的设想和答案，选择范围广泛。

创新思维是一种开放、灵活多变的思维方式，并无固定的思维方法和程序可遵循。在进行创新思维活动时，思考者能迅速从一个思路转向另一个思路，对问题进行全面思考。因此，创新思维过程常伴随着非逻辑、非规范的思维活动，如"想象""直觉"和"灵感"等。这些独特性使得创新思维难以复制，他人无法完全模仿或模拟。多向性则直观地展现了创新思维的灵活性。

就思维多向性的本质来看，它是创新思维最重要的思维方式。它最直接的效果是能避免思路闭塞、单一和枯竭。多向思维实质上是指，使思考中的信息朝多种可能的方向扩散，以引出更多新信息的发散性思维，它主要包括：一是具有多种思维指向；二是多种思维起点；三是运用多种逻辑规则及其评价标准；四是多种思维结果，最终达到另辟蹊径和整体优化的目标。社会生活是复杂多元的，因此反映在我们每个人的思维方式上，也必然会呈现为一种多向思维的状态。如果思考问题总是用单向的、一元的、绝对化的思维方法，就会陷入被动局面。由此，要培养学生多向思维的习惯，就要训练学生克服先入为主的、单向的思维定式，要求他们自觉、耐心、多渠道地获取各种各样的信息；在做决定的时候，要尽可能多地拿出几个不同的办法做比较，多考虑几种不同的可能性，多设想几个不同的结果。

（3）多元性特征。多元思维，亦称"立体思维""全方位思维""整体思维""空间思维"或"多维型思维"，此思维跳脱二维平面，延伸至多维空间。多个变化因素决定事物属性之变迁，逐层推进，兼具穷举外延之特点。克服机械、形而上学、经验、八股及刚愎等局限性思维，发展为进步且科学之思维。

所谓多元性，即超越点、线、面之限制，从全方位角度进行问题思考。具体要求在于根据事物多元构成因素，调整其中某一要素，以开辟新思路及途径。在自然科学领域，科学实验常通过变换不同材料与数据等来进行。社会科学领域亦普遍应用此方式，如文学创作中人物情节、语句之变换；管理中人员之调整。

多元思维思考问题通常涵盖三个角度：首先，须具备一定空间维度。世间万物均在特定空间存在，多元思维充分考虑事物空间性。以此思考解决问题，可跳出事物本身，从更高角度审视。其次，须具备一定时间维度。万事万物均在特定时间中存在，从多时间维度思考，兼顾过去、现在、未来多种时态，具备超前意识。最后，关注万物联系之脉络。事物间相互关联，学会在错综复杂的关系中思考，方能发现本质，拓宽创新之路。

事实上，任何事物的属性，它的内在或外在因素都是多个。因此，说话办事、计划规范、程序机制等，都要留有充分的余地，都要保持一定的水准或精确度层次的要求，永远也不要绝对化。许多难题在直观或平面思维中得不出答案，但在多元思维过程中，却可以获得圆满解决。

(4) 开放性特征。所谓开放性思维，是指突破传统思维定式和狭隘眼界，多视角、全方位看问题的思维；它与把事物彼此割裂开来、孤立起来、封闭起来，使思维具有保守性、被动性和消极性的形而上学思维是根本对立的。开放性思维本质上具有反教条和实事求是的特征。具备了开放性的思维方式，就能够不断地有所发现、有所发明、有所创造、有所前进。

相对于封闭性的思维，开放性的思维只能是思维的起始点和中心点，并由此产生不加限制的思维，把思维的任何可能性都看成可能的，一切皆有可能，这就是开放性思维的特点。所以，不但思维的主体是自由思维的，而且思维的内容和形式也是随机变化的。

开放性思维的实践活动具有畅通无阻的特性和广泛的时空跨度，能够最大限度地搜集信息。在空间表现上，开放性思维既能关注内部，又能关注外部，从而使个体既能了解自身的内心需求，又能根据环境变化灵活调整自身状态，实现个人与他人的和谐共处，以及与外部世界的协调一致。开放性思维还具备超越自我的能力。如果仅仅固守自我内部世界，那么个体将形成一个封闭的自我体系，外部世界在此体系中被排斥，新的思想和新的事物无法被接纳，进而彻底否定个体的进步性。

(5) 综合性特征。所谓综合性是指综合利用他人的思维成果。创新活动是在前人的基础上有新的进展和突破，这就必须综合利用他人的思维成果。这种综合能力有三个方面：①智慧杂交能力。智慧杂交能力即善于选取前人智慧宝库的精华，巧妙结合，形成新成果。②思维统摄能力。思维统摄能力把大量事实、概念和观察材料综合起来，加以概括整理，形成科学概念和系统。③辩证分析能力。没有分析就没有综合，综合思维是以辩证分析能力为前提的。这里的综合并不是简单的排列组合，而是具有创新性的综合，即以目标为核心，综合运用多种思维形态和多种思维方法，对已有的众多信息进行有目的的选择和重组，从而寻求最佳的解决方法。

任何事物都是作为系统而存在的，都是由相互联系、相互依存、相互制约的多层次、多方面的因素，按照一定结构组成的有机整体。这就要求创新者在思考时，将事物放在系统中进行思考，进行全方位、多层次、多方面的分析与综合，找出与事物相关、相互作用、相互制约、相互影响的内在联系。而不是孤立地观察事物，也不只是利用某一方法思维，应是多种思维方式的综合运用。综合后的整体大于原来部分之和；综合可以变不利因素为有利因素，变平凡为神奇；综合是从个别到一般、由局部到全面、由静态到动态的矛盾转化过程，是辩证思维的运动过程，是认识观念得以突破，进而形成更具普遍意义的新成果的过程。

培养创新思维的综合性，需具备两个方面的能力：一是归纳概括能力，即通过整理把大量概念、事实和观察材料综合在一起，以形成完善科学的系统；二是辩证分析能力，这是一种综合性思维能力，即对已有材料进行深入分析，把握它们的个性特点，然后从这些个性特点中概括出事物的规律。

（6）跨越性特征。所谓跨越性，是指讲究事物的速度与效率，不循序渐进，保持较大的跨度，它是一种不依从甚至省略逻辑步骤，跨越事物"可见度"的限制，迅速完成"虚体"与"实体"之间的转化，加大思维"转换的跨度"的一种思维模式。这种思维特性使人在思考时通常直接从命题跳到答案，并再一步推广到其他相关的可能性。从本质上而言，跨越性思维属于发散思维的范畴，它的主要特征在于超越常规思维程序，省略某些中间环节。它可以是横向跳跃，也可以是纵向跳跃，还可以是不同层面的跳跃。在写作活动中，若在成文时合理地使用跨越性思维，可以增加文章的容量和跨度，使文章显得生动、活泼、富于表现力。若不能合理使用，则会导致文思不畅，文气不能顺通，写作视角多变化，人物言行不合情理，事物发展不合逻辑。

创新思维的跨越性，其思维动向形式表现为：一是前进跨度，即把思维注意力集中到事物的本质和结论方面，次要方面暂不顾及。二是联想跨度，即将若干表面看来"毫不相干"的事物联系起来，取得意料不到的成果。三是转换跨度，即一种思维受阻，立即转向另一种思维。这三种思维跨度加强了思维的速度、广度和灵活性。相对于逻辑思维而言，跨越性思维的优点在于：第一，它对事物的认识切入点很多，能多方面思考或者换位思考。因此，这种思维方式具有灵活、新颖、变通等显著特点。第二，不会对事物死钻牛角尖，对事物会提出多方面质疑。尽管有时会自相矛盾，却又能自我克服，最终会找到一个能克服多种质疑的答案，因此考虑得较全面，思维预见性很强。第三，想象力丰富，能对事物的认识触类旁通，善于找出事物的规律，并应用于其他方面。所以，跨越性思维是一种高效思维。

（7）联动性特征。所谓联动性，是指在思维过程中由此及彼的多种联系的思维活动，这种思维的联动性特点，常会引导人们由已知探索未知而拓展思路。创新思维的联动性表现为由浅入深、由小及大、触类旁通、举一反三，从而获得新的知识、新的发现。创新思维的联动性按照其思维动向形式可分为以下三种：

第一，纵向联动。纵向联动即在一种结构范围内，按照有顺序的、可预测的、程式化的方向进行的思维形式。这是一种符合事物发展方向和人类认识习惯的思维方式。它从发现现象开始，向纵深方向探究产生这种现象的原因，从而得到突破性发现。对偶然事件的敏感程度，取决于纵向联动思维能力的强弱。它遵循由低到高、由浅到深、由始到终等线索，因而清晰明了、合乎逻辑，我们在平常的生活、学习中大多采用这种思维方式。

第二，横向联动。横向联动是指观察现象时，将其与具有相似或相关特点的事物相联系。这是一种超越问题结构范畴，从其他领域的事物和事实中寻求启示，从而产生创新思维的方法。横向联动并无固定顺序，且难以预测。

第三，逆向联动。逆向联动思维，即在观察现象时，能深入思考其反面，使思维沿着对立面的方向发展，对问题进行深入探索。这种思维方式源于许多事物之间的因果互换性质，是一种自已知发现未知的有效方法。当大众均倾向于某一固定思维方向时，逆向联动思维鼓励个体独辟蹊径，朝相反的方向进行思考，从而脱颖而出，这是一种高级思维方式。

（二）语文教学中创新思维能力的训练

初中生的创新思维是自我实现性的、个体在发展意义上的创造性开发；创新思维离不开逻辑思维的作用。因此，在语文教学中培养学生的创新思维，还要运用逻辑思维的方法，要以非逻辑思维为核心，把逻辑思维与非逻辑思维融合起来，并在语文能力训练中渗透发散法、聚合法、逆向法、想象法、联想法、直觉法、不完全归纳法、头脑风暴法、类推法等非逻辑思维因素。

1. 营造和谐氛围，鼓励学生放飞思想

新课程理念倡导尊重民主，注重学生自主发展。因此，新课标下的教学模式已不再是教师主导、学生迎合，教师讲授、学生聆听的固化模式，而是致力于激发学生学习积极性，尊重其主观能动性。在此基础上，营造自由和谐的课堂氛围，调动

学生主动学习、自主探究、团结协作的积极性，已成为广大教师的共识。

语文教学旨在塑造学生核心素养。关注学生情感的语文教学，不仅要传递诗情画意、文采风流，更要精心为学生提供表达自我认知、评价情感的平台。语文课堂应彰显人文特性，师生应平等合作，相互尊重、依赖、协作。唯有如此，师生间方能构建互动交流的对话平台，学生在愉悦、热情、兴趣盎然中放飞思维，充分发挥想象力，以最佳状态投入语文学习，焕发语文课堂的独特魅力。

为实现和谐教学氛围，首先要培育良好的师生关系。作为教育工作者，教师应强化与学生的沟通互动，构筑和谐的师生关系。对每一位学生，教师应倾注热爱，保持尊重，施以公平待遇。其次，教师的语言、举止、手势以及神态，都应让学生感受到亲切和信任，持续激发学生的求知热情，坚定他们克服学习难题的决心，使他们感受到幸福与愉悦，进而培养学生的学习兴趣。再次，在面对学生的问题时，教师不应简单地予以否定或肯定，而应引导学生深入探讨"为何"，鼓励他们分享自己的想法和思考过程。最后，倡导学生勇于提问，大胆质疑和解答，以此激发学生的学习热情和积极性。

2. 实施教学民主理念，张扬学生个性

实施教学民主，就需要改变传统的教学观念，尊重学生在语文课堂上的主体地位，注重培养学生的独立性和自主性，让他们主动去好奇、了解、认识和接受，从而达到预期的学习目标。同时，通过创设多种适宜的活动，引导学生勤于思考、多从不同角度去质疑和反思。让课堂真正成为学生主动思考、多向思维的场所。新课程理念强调建设开放而有活力的课程，关注学生的情感、态度和价值观，凸显学生的个性。这就要求在教学的过程中，应当针对学生的特点，实施开放式教学。语文的答案是丰富多彩的，语文学科的魅力正在于此，语文课堂的活力也正在于此。同一个问题，由于学生的生活经历、知识素养、心理状况等不同，得出的答案也可能是千差万别、异彩纷呈的。这就是创造力的表现，也正是我们需要悉心呵护和着力培养的。教师要多给学生展开想象的时间和空间，多给学生发表意见的机会和自由。学生在一种无拘无束自由畅达的空间中，自由参与、自由表达，通常能产生一种宽松、愉悦、新奇的心理体验，学习的兴趣也就高涨，从而诱发潜在的创造潜能，迸发出创新思维的火花。

3. 激发学生学习兴趣，呼唤创新意识

如果教学方法得当，学生对知识的内容发生兴趣时，他们的思想就会活跃起来，记忆和思维的效果就会提高。反之，则把学习看成精神负担，效果必然降低。良好学习习惯的形成和培养，都离不开兴趣。因此，教学中能否激发学生的兴趣，提高学生的记忆效果，无疑是教学成败的关键。教师应不断创设富有变化的能够激发学生兴趣的学习情境，营造兴趣氛围，不断激发学生的求知欲，激励学生的创造性思维。例如，在教学《死海不死》一课时，师生共同讨论死海不死的原因，从中进行科学的分析，然后教师要求学生在课后做一些有关浮力的试验，看看水中盐分增多后，浮力有何变化。让学生在课堂教学上感受试验的不同结果，培养学生的创新意识，激发学生的求知欲和思维创新的浓厚兴趣。

激发学生学习的兴趣，首先要使学生明了学习之重要性。心理学研究揭示，需求、动机与目标构成人类积极行为心理动力之主要因素。需求促使动机生成，动机进而确立目标。唯有个体清晰认识到自身学习活动所追求的目标与价值，并以之推动学习行为，方能使之持续。在教学过程中，教师应多次强调知识之重要性。其次，悉心构建优良师生关系。毋庸置疑，师生关系优劣直接影响学生学习兴趣之高低。最后，依据实际需求适度采用讨论教学，实践中激发学习知识之兴趣。学生之学习兴趣实乃在实践过程中逐步形成与发展的。唯有通过实践，让学生体验到语言本身之交际功能，方能真正激发创新思维。

第四节　初中语文核心素养—审美创造

审美创造是指"学生通过感受、理解、欣赏、评价语言文字及作品，获得较为丰富的审美经验，具有初步的感受美、发现美和运用语言文字表现美、创造美的能力；涵养高雅情趣，具备健康的审美意识和正确的审美观念"[①]。审美创造不仅包含了学生应该具备的关于审美方面的诸多能力，而且应该成为学生的终身发展所需的核心素养。初中语文培育审美创造的有效路径具体如下：

---

① 柯晓芳. 初中语文审美创造的培育路径 [J]. 中学语文，2023（14）：5.

第一，通过美文阅读来提升审美感受。引导学生阅读一些优秀的文学作品，通过对作品中的语言、形象、意境等方面的深入分析和感受，让学生领略到文学的艺术魅力，从而提升自身的审美感受。

第二，通过写作练习来激发审美创造。写作是初中语文教学的重要组成部分，也是培养学生审美创造的重要途径。在写作练习中，鼓励学生发挥想象力，发掘内心深处的情感，通过文字创造出独特的艺术形象和意境，从而培养审美创造能力。

第三，通过课堂互动来促进审美交流。在语文课堂上，通过组织小组讨论、角色扮演、朗诵等活动，让学生积极参与课堂互动，分享自己的审美体验和感受，倾听他人的观点和见解，从而促进审美交流和思维碰撞。

第四，通过课外阅读来拓展审美视野。鼓励学生广泛阅读各类文学作品，包括小说、散文、诗歌等，通过阅读不同题材、风格的作品，让学生接触到不同的文学形式和艺术风格，拓展自身的审美视野，提高审美创造能力。

第五，通过观察生活来提炼审美体验。生活是文学创作的源泉，引导学生观察生活中的点滴细节，发掘生活中的美和感动，将生活体验转化为文字表达，从而培养审美创造能力。

第六，通过赏析评价来提高审美鉴赏力。在语文课堂上，引导学生对文学作品进行赏析和评价，让学生学会分析作品的艺术特点、表现手法、思想内涵等方面，提高学生的审美鉴赏力，从而促进审美创造能力的提升。

第七，通过多媒体教学来丰富审美体验。利用多媒体教学资源，如图片、音频、视频等，为学生提供多样化的感官体验，让学生能够更加直观地感受文学作品中的美和艺术魅力，激发审美创造的兴趣和灵感。

第八，通过教师的引导来培养审美意识。教师自身要具备较高的审美素养和意识，通过自身的示范和引导，帮助学生树立正确的审美观念和价值取向，激发学生的审美兴趣和创造力。

总之，初中语文培育审美创造的有效途径需要教师在教学过程中注重学生的主体性、参与性和创造性，通过多种方式和手段激发学生的审美兴趣和创造力，促进学生的全面发展。

第四章 初中语文有效教学的构建策略

第一节 初中语文有效教学及其重要意义

随着教育改革的不断深入，初中语文教学作为基础教育的重要组成部分，其有效性问题受到了越来越多的关注。有效教学不仅关乎学生的语文成绩，更对学生的综合素质发展有着深远的影响。

一、初中语文有效教学的本质含义

有效教学是指教师在遵循教学规律的前提下，以尽可能少的时间、精力和物力投入，取得尽可能多的教学效果，以满足社会和个人的教育价值需求而组织实施的活动。在初中语文教学中，有效教学主要体现在以下方面：

第一，教学目标明确。有效的教学目标应包括知识、能力、情感态度和价值观等多个方面，且目标设定应符合学生的实际情况，具有可操作性和可实现性。

第二，教学内容丰富。教学内容应具有时代性、基础性和选择性，既要注重知识的传授，也要注重能力的培养和素质的提升。

第三，教学方法科学。教师应根据教学内容和学生特点选择合适的教学方法，注重启发式教学，培养学生的自主学习和合作学习能力。

第四，教学评价多元。教学评价应注重过程和结果的双重评价，方式上应采用多种评价方式相结合，以全面、客观地反映学生的学习成果。

二、初中语文有效教学的重要意义

第一，提高学生的学习效果。有效教学能够使教师更好地把握教材，有针对性地对学生进行辅导，从而提高学生的学习效果。同时，有效教学能够激发学生的学习兴趣，增强学生的学习动力，培养学生的自主学习能力，使学生更加主动地参与到学习中来。

第二，促进教师的专业发展。有效教学需要教师具备良好的专业素养和教育理念，不断更新教学方法和手段，提高自身的教育教学能力。在这个过程中，教师的专业素养和教学水平将得到不断提升，进而提高教学质量和效果。

第三，推动教育公平的实现。有效教学关注学生的个体差异和需求，注重学生的全面发展，使每个学生都能得到适合自身特点的教育。这有助于缩小城乡、区域和校际的教育差距，推动教育公平的实现。

第四，服务社会发展需求。随着科技的进步和社会的发展，对人才的要求也越来越高。初中语文作为一门基础学科，其有效教学能够培养学生的语言表达能力、思维能力、审美能力和文化素养等多方面的能力，为学生未来的发展打下坚实的基础。同时，有效教学能够提高国民素质，为国家和社会的可持续发展提供有力的人才保障。

初中语文有效教学是提高学生语文素养、培养创新型人才的重要途径。为了实现有效教学，教师应不断提升自身的专业素养和教育理念，积极探索科学、合理的教学方法，关注学生的个体差异和需求，注重学生的全面发展。同时，学校和社会也应为教师提供良好的教学环境和资源支持，共同推动初中语文教学的改革和发展。只有这样，才能真正实现初中语文教学的有效性，为学生的未来发展和国家的繁荣做出更大的贡献。

第二节　初中语文有效教学中的读写结合

一、初中语文有效教学中的"以读促写"

（一）"以读促写"教学的意义

1. 整合语文教学内容

（1）整合课内外阅读对象与内容。在课内阅读与课外阅读中学习写作方法，必然需要将教材内容整合成一定的体系，方便学生在有相关性的阅读文本中学习写作技能。课外阅读的范围很广，但并不是所有的阅读文本对学生的写作都有帮助，所以需要有计划、有选择地读。应选择与课内文本有关的课外阅读文本，课内与课外阅读相联系，以便引发学生的阅读兴趣；同时这也是对阅读知识的延伸、对写作教学的延伸，能让学生对在课堂上学习的写作方法做进一步的巩固，加深理解。

（2）整合各单元知识结构。以初中语文教材为主要素材开展"以读促写"作文教学，以课本中的单元为单位进行教学。不同单元主题不同，需要根据客观内容及学生学习规律，从学生读写实际发展需求出发，制定相对应、细致可行的写作教学目标与教学方法，使教师在进行阅读教学时有明确的写作目标作为指导，使得阅读教学能够对提升写作水平产生影响，达到由单元阅读教学促进写作教学的教学目标。

（3）整合阅读与写作教学目标。阅读的文章乃他人创作，故阅读与写作之间存在关联，阅读教学对写作教学具有指导作用。实施"以读促写"的教学理念应遵循学生的实际状况，根据学生现有写作水平整合阅读教学与写作教学目标。结合初中语文教材中的阅读文本，设计片段写作练习，将讲解与实践相结合，及时巩固，实现阅读教学与写作教学的融合渗透。在阅读教学中明确写作教学目标，也能促进写作教学体系的不断完善。另外，教师在完成教材规定内容的同时，还应充分发挥教学文本的最大效益，实现阅读教学与写作教学相互促进、共同进步。

2. 由掌握基础知识转为形成综合能力

（1）由字词句段的学习转为谋篇成文。字组成了词，词组成了句，句组成了段，段最终形成了一篇完整的文章，这可以说是写作由内部言语到外部言语表达的一个过程。其实阅读分析也是如此，教师通常按字词句段篇的顺序逐步引导学生深入分析感悟作者的思想情感、写作特点、风格及作用等。从语言文字到思想内容，这是阅读的步骤，也是写作的步骤，所以进行"以读促写"教学需要教师注意引导学生由字词句段的学习向谋篇成文转化。循序渐进，慢慢整合，使写作渐渐达到从形式到内容、从部分到整体、从文字到思想、从现象到本质的升华。

（2）由简单口语表述转为富有文采。日常用语与文学创作存在差异，后者无须过分追求文采，关键在于言简意赅，清晰传达主旨。然而，在各种文学作品中，不同文体各具特色，相应地，写作风格与技巧亦有所区别。学生在创作过程中，往往容易陷入平淡无奇、过于口语化的困境，这是因为他们在写作时仅将日常交谈的语言搬移至纸上，如此作品自然难以引人入胜。

"以读促写"的教学方法旨在引导学生通过阅读学习文学创作中应运而生的语言元素，包括词汇、修辞、句式及表达方式等。在表达相同含义时，经过雕琢的语句相较于直接表述，更具表现力和吸引力。因此，在写作过程中，运用修饰性语言将提升作品的艺术价值。

（3）由单一知识掌握转为形成综合能力。实施"以读促写"教学一方面将最终落脚点放在写作能力的提升上；另一方面这样的教学方法有利于展现语文教材的最大效能。教材中每一篇文章都有属于它的单元，每一个单元都依据本单元课文内容提出对写作不同的要求，是阅读教学向写作教学的渗透，并不是脱离之前的阅读教学单独展开的。对于教师来说，"以读促写"教学知识更加系统、内容更加有序，便于教学；对于学生来说，一次性接收到的知识少，并且巩固练习及时，更易于理解掌握。

3. 深化阅读教学实施"以读促写"教学

（1）由领悟篇章结构走向学习谋篇布局。在引导学生领会作者的思想情感和深度内涵之后，教师应进一步引导他们分析文章结构，探讨作者如何巧妙地构思和组织篇章以创作出优秀的作品。教师应指导学生首先把握中心思想，进而分析作者如何选取素材、如何布局谋篇、如何进行记叙描写以及如何运用词汇和句式来展现这一中心思想。这一过程既是从本质到现象的阅读过程，也是学生将优良的写作技巧和布局方法内化为自身可控能力的进程。"以读促写"的理念应从理解篇章结构升华至学习谋篇布局。

（2）由学习表达方法走向学生的自我表达。阅读教学教的是表达的理论，写作教学教的是表达的实践，由此可见它们是相通的。实施"以读促写"教学方法的目的就是在阅读中吸收，再在写作中释放。换言之，在阅读教学中引导学生掌握一定的写作方法，使学生感悟到这种写作方法的妙处，再辅之以写作实践练习，让他们在亲自的操练中掌握写作方法，从而在写作中有需要的时候信手拈来。"以读促写"教学的最终目的是使学生能够流畅地进行写作，所以教师的重要工作是引导学生由学会表达方法向学会运用表达方法写作发展。

（3）由阅读目标推动写作教学。教师进行"以读促写"教学需要设计将阅读与写作融会贯通的、明确的、切实可行的教学目标。"以读促写"在字面看来是种单向的活动，其实不然。一方面，阅读教学目标与写作教学目标有机连接能够有利于学生写作技巧的掌握、写作兴趣的培养；另一方面，教师引导学生及时练习写作、实际运用理论知识写作，也是对阅读教学的深化。所以，"以读促写"教学法用得好有助于实现阅读与写作的互惠互利。

（二）"以读促写"教学的方式

1. 结合课内阅读进行"以读促写"

（1）有效使用教材"以读促写"

第一，学习文体特征。不同文体的写作风格、写作结构及体裁都有所不同。而初中阶段学生主要学习写作的是记叙文，所以教师应主要引导学生在阅读中学习记叙文的文体特征。记叙文，以记叙为主并综合其他表达方式。记叙文一般分为写人、记事、写景、状物四种，表达主旨的方法不同：描写人物、叙述事件、描写景物、描写物品。写作的内容也不同，有写人记叙文，如朱自清的《背影》，以描写人物的外貌、语言、动作、心理为主；记事的记叙文，如史铁生的《秋天的怀念》，以叙述事情的发生、发展、经过和结果为重点；写景的记叙文，如老舍的《济南的冬天》，以描绘景物、借景抒情为主；状物的记叙文，如丰子恺的《白鹅》，以状物为主，托物言志。

记叙文写作可以采用顺叙，按时间先后顺序或者观察空间顺序记叙，优点是文章脉络清晰、条理分明，如《斑羚飞渡》；也可以选择倒叙，先告诉大家结局或后发生的事情，再具体记叙前面的过程，有为文章埋下伏笔激起读者阅读兴趣的作用，如《羚羊木雕》；还可以插叙，在叙述主要事件时，插入另一相关事件，适当的插叙能补充相关资料，帮助情节展开、人物形象塑造，使记叙更完整、更生动、更细致，如《故乡》。记叙文既可以用第一人称形式直抒胸臆，又可以采用第三人称自由表达。这些关于记叙文的文体知识都应该在课文阅读教学过程中联系阅读内容，帮助学生总结、理解、记忆和运用。

第二，掌握谋篇布局。写作文既要从微观入手琢磨字词句的使用，也要从宏观入手思考布局谋篇，微观与宏观统筹兼顾才能使文章完整。那么，在"以读促写"教学中，就需要教师在阅读教学中指导学生分析学习阅读文本的布局安排。当然，题材不同具体结构也有所不同，须引导学生具体文本具体分析，并在自己写作时灵活运用。列框架图是阅读教学时教师经常使用的板书样式，边抓结构边分析，这看似平常的设计其实正是帮助学生架构行文思路、启发构思内容安排的好方法。例如，郑振铎的《猫》，以时间为主线，依次向我们展现了养过的三只猫及与之相关的种种故事。对于这三只猫的描绘，作者写得详略得当，尤其以第三只猫的误会为主线，情感逐步升华，直至达到读者心中悔恨难过的情感高潮。课后，教师可据此课文，布置相关写作练习，引导学生借鉴《猫》的叙述结构，撰写自身养小动物、植物，或与心爱之物的故事，以表达真挚的情感。

第三，熟练遣词造句。文章的构建，离不开微观层面的词句运用。无论是学生的作文，还是课文中的篇章，皆须依赖一词一句的累积，方能形成一篇完整的作品。然而，学生在写作过程中常常面临"词乏"的困境，这意味着仅依靠日常语言的积累尚不足以支撑写作需求，还需在阅读学习中汇聚书面表达的能力。教师应引导学生于阅读过程中领悟作者措辞之精妙及其所传达的深层含义，进而将这些技巧逐步内化为自身写作时的遣词造句能力。

以朱自清的《春》为例，全文以拟人的手法写作，语言非常生动优美，文中对春雨的描写是"雨是最寻常的，一下就是三两天。可别恼。看，像牛毛，像花针，像细丝，密密地斜织着，人家屋顶上全笼着一层薄烟"。这一段将春雨的特点描写得细致生动，比喻用得非常准确传神。"牛毛"写出了春雨的密，"花针"写出了春雨的亮，"细丝"写出了春雨的细，仅仅用了三个比喻就将春雨写得淋漓尽致，刻画出一幅宁静的春雨图，使读者仿佛正置身于这场春雨之中。教师在讲解时可以让学生着重品读这些优美的语句、精妙的用词，感受描写手法、词汇等的精彩之处，指导学生适当进行标注或摘抄，慢慢积累，使学生渐渐形成遣词造句的能力。

第四，完善思想情感表达。写作通常抒发的是作者的思想情感，一篇好的文章要先感动作者自己，才能感动别人。学生写作时经常出现把握不好情感抒发的"法"与"度"的问题，这需要教师引导学生通过对阅读文本的学习感受作者是如何恰到好处地表达思想情感的。在阅读中体悟人间冷暖、人情世故。

写好一篇情感诚挚的文章除了要把本身的感想、感悟用语言精确表述出来之外，还要看重写作方法的使用。如果把一篇文章比作人，那么灵魂是中心思想，骨架是结构，血肉是内容，而写作方法就是连通各关键部分的筋脉。

常见的写作方法有照应、想象、悬念、联想、点面结合、叙议结合、抑扬结合、动静结合、衬托对比、情景交融、首尾呼应、托物言志、白描细描、正面侧面、比喻象征、借古讽今、承上启下、开门见山、烘托、渲染、咏物抒情、托物言志、动静相衬、虚实相生等。

例如，朱自清先生充满诗意的《春》就将寓情于景用得非常精彩。其中对春草的描写，"小草偷偷地从土里钻出来，嫩嫩的，绿绿的。园子里，田野里，瞧去，一大片一大片满是的。坐着，躺着，打两个滚，踢几脚球，赛几趟跑，捉几回迷藏。风轻悄悄的，草软绵绵的"。作者在描写中使用了几个叠词嫩嫩的、绿绿的、轻悄悄、软绵绵，既描写出了春草的特点，又使得语气变得轻柔了起来，字里行间中表现出作者内心对春的喜爱与喜悦。一切"景语"皆"情语"，因为投入了情感，将外部的景与内部的情融合在一起，使文章富含情感而生动起来。

（2）结合教材片段进行练习。写作只看不练是不行的，别人写得再好也是别人的文章，要想学生能写出好文章，教师应该灵活结合文本所学布置相关片段练习。就如同及时复习防止遗忘一样，学习了相关写作理论知识之后要注意及时练习，使学生学以致用才是"以读促写"写作教学法的根本目的。

第一，概括、总结。写作片段练习可以采取归纳总结练习的方法，这与提升学生写作能力也是密切相关的。练习概括阅读文本有利于在写作之前打好提纲、做好内容的整体架构。整体框架有了再添砖加瓦就容易多了。其实对文本进行概括总结的练习就如同初中生经常练习的缩句一样，教师指导学生抓住文章的主旨内容、中心句、布局安排，并对文本内容进行归纳总结，从而形成学生自己对文本的理解。

练习的具体方法可以是以第三人的视角转述文本内容，如《秋天的怀念》，史铁生写了他与母亲之间的什么故事；可以是缩写较长的文本，练习学生概括能力，如将鲁迅先生的《从百草园到三味书屋》进行缩写，主要写文章梗概。

第二，引申、升华。画讲究留白，文章也讲究适当的留白，这能够引发读者的深思，留给读者想象的空间。而课文中这样的留白，教师正好可以利用起来作为学生写作片段练习的素材，指导学生根据原文本的主题思想、语言风格、人物形象等进行续写或补充，培养学生的想象与发散思维。具体练习方式可以采用"换位思考"的方法，即从与作者不同的角度出发进行写作。

例如，莫怀戚的《散步》，作者主要写了父亲的内心想法，那么教师可以指导学生从妻子、儿子或者老母亲的角度，试着表达他们的内心想法。还可以采用"拓展想象"的方法，类似于"扩句"，将课文中描写比较含蓄，或者略写的部分、没有写到的部分进行拓展写作。但一定要在原文的基础上进行合理想象与补充写作。如将马致远非常简练优美的《天净沙·秋思》扩写成一段写秋景的记叙文，要求语言优美，景物与情感都完整饱满。还可以采用"联想延伸"的方法，阅读文本中经常能看到借由他物他事来表达自己情感的文章，有时这样表达比直接说效果更好，情感更真挚和深刻。而学生写作时通常只会从一个角度写，例如写某个人只会从单方面写这个人的事，想不到可以从侧面写与这个人相关的事来表现这个人。即使展开联想也容易变成东拉西扯，偏离了写作的中心思想。这些练习方法，目的都是培养学生写作的创新能力和发散思维。

第三，模仿、创新。人们的很多技能都是通过模仿别人而得来的，写作技能也可以通过模仿而得到提升，所以教师在做片段练习时可以让学生采用模仿的形式。借助阅读教学的文本指导学生仿写，将在阅读中学到的写作技巧及时应用到实践中，使仿写成为阅读学习到独立写作的过渡。但是模仿也要有创新之处，这样更有利于学生之后的独立写作。模仿写作练习可从以下方面进行：

一是模仿文章的构成要素—句子、段落。仿写也需要循序渐进，先从模仿句子开始，例如在阅读文本中看到很有特点的句子，或是描写很生动传神的句子，就可以模仿其用词、修辞、句式等让学生自己写一写。句子模仿熟练之后慢慢过渡到模仿写段落结构，再到模仿写全篇结构。有结构严谨的文章也有结构比较随意的文章都可以模仿，可以模仿开头结尾段的设计、过渡句或段的安排、详写略写的安排、写作顺序、主旨的表达方法等。

二是模仿写作的程序—立意、选材、表现手法。"立意"其实就是一篇文章的中心思想，有一个好的立意是一篇好文章的基础。中心要集中才不会变成流水账，而学生却常常错误地认为中心范围越大越好，导致写了很多，到底想表达什么却很模糊。确定好了立意，再决定选材，也就是文章内容；要以能够明确表现立意的重点材料去写，不要堆砌材料。还需要适当的表现手法将内容表现得更有内涵、更有可读性。例如，写作中常用的对比写法，《范进中举》中将范进的岳父、邻居们以及乡绅对范进中举前和中举后的差别态度做对比，刻画了趋炎附势的人物形象和世态炎凉的社会风气，富有讽刺意味。经过学习学生了解了描画人物可以通过比较多个方面来塑造人物、反映社会。教师归纳总结：描写人物可以通过人物与自身的对比、与他人的对比来突出人物特点，但是写作中要注意，写其他人是为了突出中心人物，所以写其他人物篇幅长短取决于他对主要人物的作用大小。这样就容易让学生明白用对比要用得恰当，不能喧宾夺主，也不能为了撑篇幅而写无关的人物。

仿写不在"多"而在"精"，教师要把握练写的"度"和"量"，要有适合的文本作为引子，仿写才有价值。若是任何课文都拿来仿写、频繁进行仿写练习，反倒会适得其反，使学生对写作产生厌烦情绪。

第四，感悟、评价。在阅读学习后让学生写下自己由阅读文章生发的感悟或是对文章的评价也是一种片段练习方法，还可以组织学生与学生之间交流读后感。在思维与看法的交流中，学生对阅读文本的品读理解能力必将得到一定提升，这样会使学生不但爱读，而且乐写。其主要有以下形式：

首先，关于举一反三。当教学中的课内篇章在内容或写作风格上具有独特之处时，教师可引导学生寻找其他有相似之处的阅读文本，经过认真阅读比较后，选择一个或多个角度进行赏析并撰写文章。

其次，关于归纳总结。在学完一个单元的课文后，教师可引导学生在这些文本中寻找一个或多个相似点，撰写一篇读后感，内容可涵盖写作技巧、文本内涵或其他方面。

再次，关于针对性归纳。学生可以突破课本中单元的局限，甚至是一册课本的限制，根据自身兴趣进行自由归纳，重点是记录真实的阅读感受与感悟。

最后，关于自由阅读。学生可在课本中自行选择课文进行反复阅读，不设任何限制，仅要求每周至少撰写一篇充满真挚情感的读后感。

2. 结合课外阅读进行"以读促写"

课本中的文章固然在"以读促写"作文教学中很有价值，但只是靠课本作为"以读促写"的材料是不够的。课标中提出要扩展语文学习的内容、方式和途径，令学生在更广的空间里学习、应用语言，所以要基于课本，又要跳出课本，增加课外阅读来进一步积累精彩的语言、揣摩写作方法，以此提高写作能力。可见，学生进行课外阅读活动是很有价值的。但课外阅读并不代表教师完全放任学生的"读"，而是有目的、有计划、有意义地"读"，切实做到将课外阅读变成课内阅读的延伸与补充，切实达到"以读促写"的目标。教师需要做到以下方面：

（1）建立"以读促写"教学目标。首先，要确定量的目标。课标要求初中生学会制订自己的阅读规划，阅读范围要广，每学年最少阅读两到三部名著，课外阅读总量不少于 260 万字。其次，要规定阅读的内容。课外阅读的范围很广，有普通的杂志，有名著经典，也有各种网络读物，其中有好也有坏，初中生还不能够准确分辨，所以放任学生自由选择读物可能达不到预想的效果。所以教师需要做好课外读物内容的推荐，这对课外阅读"以读促写"的实施起着关键的作用。最后，要重视读后验收。只读不思考等于浪费时间，须确保学生读有所思、读有所悟、读有所得。这就需要教师不只对阅读的内容严格把关，还要定时验收阅读感悟，可以写成赏析、赏评的文章，也可以摘抄有触动的句子并对其进行赏析，还可以组织生生之间互相交流，并对有困惑的学生加以指导。学生在读中积累写作知识，在读中练习写作，在读中提高情感认知能力、思维能力、写作能力。

总而言之，课外阅读不能让学生盲目地读，这样是达不到"以读促写"的目标的，必须设计切实可行的阅读目标才能达到提高写作能力的目的。

（2）明确"以读促写"训练项目

第一，引导学生阅读积累后，在写作中模仿借鉴创新。在明确目标的基础上进行阅读，学生势必会收获一定的写作技巧和素材。要实现"以读促写"的目标，仅有明确的目标尚不足以实现，还须明确训练项目。优秀的文本必然包含精美的语句、生动的描绘和独特的结构，这些因素都在潜移默化地影响学生的写作。学生会不自觉地模仿和借鉴，并将之与自身的创新相结合，逐步形成具有个人特点的文章，这种做法是值得肯定的。例如，有些学生在学习了《中国石拱桥》之后，创作了《家乡的桥》；另有学生在学完《济南的冬天》后，写出了《家乡的冬天》。这些均为借鉴中有创新的作品。

第二，开展课外阅读，注重阅读积累，做到读中悟写，"以读促写"。课堂教学实践经验表明，仅学习课本上的课文是远不能满足学生阅读能力发展需要的。

语文的外延与生活的外延相等，同理，作文训练的外延也与生活的外延相等。因此，作文教学只靠课堂阅读教学是远远不够的，要使初中语文写作取得更大的实效，教师应引导学生冲破课本的约束和限制，在课外阅读中汲取写作养分。近年来，有教师利用课外阅读兴趣小组、文学社团等形式广泛开展课外阅读活动，让学生进行自由阅读，还有教师让学生通过观察社会生活，收看影视、收听广播等，把握时代新信息，增加知识积累。有意识地提醒学生每天或定期读一读时事新闻类的消息，积累时事信息，增加常识性知识，对丰富写作内容有帮助。同时，教师鼓励学生积极主动地随意练习，并将优秀的作品展览出来，让其他学生借鉴学习，在争夺荣誉感中引发阅读与写作的积极性。学生将读书笔记分享给其他学生，必须真正读懂文本，这样写出的读书笔记才会有内涵、吸引人。通过反复独立阅读，才会在内容、语言、艺术手法上有所得、有所悟，这样写读书笔记也是"以读促写"的锻炼。

第三，开展主题活动，延伸写作。学生除了在课堂上学习写作以外，还可以通过有利于写作能力提升的活动使写作教学获得延伸。一个人的思维总是有限的，一个人得出的感悟终归是一个人的，还是具有局限性的。教师可以组织多种多样的课外阅读交流活动，给学生表达交流的平台，使学生在表达各自的看法的交流之中听取他人的见解，以此来拓展思路、深化认识，提高阅读能力的同时也提高写作能力。交流可以采用口头交流的方式，也可以采用书面交流的方式。口头交流可以开展专题研讨会、朗诵会、情景剧等活动。书面交流可以开展阅读随笔展览、读书报告评比等活动。还可以举办"读书达人"比赛，在竞争中激发学生的阅读热情，从而达到"以读促写"的目的。

（3）完善评价与写作检验手段。学生的写作技能唯有在教师反馈的指导下，方能取得实质性提升。为此，教师评价方式之优化显得至关重要，评价须具备时效性与实效性，对学生写作中的不足之处做出具体指正，并提出改进措施，以确保不足得以切实修正。在这一过程中，从学生撰写至教师评价，再到学生修改，每一步均须落到实处，方能称为有效的"以读促写"。

尽管上述"以读促写"教学模式各有称谓，但其核心皆在于通过写作实践，助力学生吸收并巩固阅读中所学写作知识，以提升其写作能力。因此，教师在实施初中三年的"以读促写"教学前，须进行整体规划，并在具体教学过程中制订详尽计划，将课文文本视为作文教学之典范，强调写作与阅读之融合与转化。

此外，教师须转变教学思维，将指导范围从课堂内延伸至课堂外，精准引导学生的课外阅读，教导学生在阅读中积累，阅读后进行写作实践。教师还可利用课余时间组织读书交流活动，为学生营造积极向上的阅读与写作氛围，以及宽松自由的表达平台，促使他们热爱阅读、热爱写作。

（4）结合作文评改"以读促写"

第一，阅读对象文本为作文范本。"精读"是在阅读学习中经常用到的方法，是深层次仔细阅读分析每段每句、每词每字的方法。"精读"更易于整体理解文本内容，深刻感悟文本中心，培养提升学生的分析概括能力。"精读"教学时，教师通常先让学生自由读课文，初步了解文本主要写了什么；再读，总结出文本的中心主旨，若有疑问可以提出，师生一起讨论。之后，再分段品读：第一步概括内容，边读边标明段落号，在旁边简要标注出这段主要写了什么。第二步是在完成第一步之后，理清思路和行文结构，总结出课文表达情感所用到的写作方法、语言风格等。第三步引导学生结合自身感受进一步思考阅读完收获了什么、还有什么问题。第四步，教师对一堂课教学的内容做一个总结，学生对照笔记认真听，检查是否有记错、漏记，或是还有疑问的地方，进一步加深理解与记忆。

"精读"这一方法，似乎被局限在阅读教学中，许多教师未能意识到其在写作教学中的运用价值。实际上，"以读促写"不仅可以将课内外阅读文本视为写作学习的典范，同时，学生自身的创作亦为极具阅读价值的素材。通过师生共同对学生的作品进行精读，探讨其优缺点，修正不当之处，借鉴优秀之处，从而实现"以读促写"的目标。

然而在实际的作文评改过程中，教师往往因时间紧张等原因，采用泛读方式，针对学生作文中的普遍问题进行指导，而对于个别学生的问题则往往草率处理，评价时亦不够细致，成效因而有限。因此，许多教师在关注"以读促写"的写作练习数量、类型及过程中积累的同时，却忽略了作文评改这一重要环节，导致部分学生虽有大量写作实践，但成果并不显著。

总之，在作文评改中使用"精读法"，应明确其教学目标为：学生经过对自己和他人写作作品的精读分析，扬长避短，进一步修改、完善自己的文章。

第二，不同阅读法有不同修改效果。

一是诵读法。诵读不光可以品味语句顿挫抑扬、长短快慢的韵律美，还是准确修改的基础。在对自己文章认真诵读过程中，通过语感找出语法、书写上的错误，并及时修正；再从整体上检查文章的结构和布局是否完整合理；再分析内容是否符合主旨。

二是圈点法。通过逐字逐句地阅读，引导学生以"寻瑕"的心态在文章中标注出书写错误、语句不畅、词汇不当或其他问题的部分。如此一来，学生和其他师生都能明确了解其在写作中存在的问题，从而更有利于在生生、师生间的互动讨论中找到改进的方法。由于学生往往难以自觉发现自身文章的不足，误认为自己只能写出这样的作品，对于如何修改也不甚明了，因此需要教师的指导。然而，这种观念并不利于培养学生的自我修改能力。圈点法的运用则能锻炼学生查找自身问题的能力，为今后的作文修改奠定基础。

三是分角度阅读。在阅读和评改文章的过程中，分角度的方法并非同时从多个角度入手，而是每次仅从一个角度进行。这种方法要求我们设立一个明确的修改目标，并在完成该角度的修改后再选择下一个角度进行。按照"选材—顺序—详略—结构—中心—语言"的顺序，逐步设定并实现每个修改目标，使阅读和修改过程更有目的性，逐步完善整篇文章。教师在教授这种多角度阅读修改法时，也应循序渐进，确保学生在一个角度的练习达到熟练后再进行下一个角度的学习。通过多次的练习和修改，学生可以全面掌握这六个角度的运用，并在实际的写作过程中，有条不紊地进行全面的修改。

四是时间分隔法。时间分隔法即在作文修改完一次后，相隔开一定时间，再次进行修改，可以间隔不同时长多次重复这一过程。因为随着时间的改变，人的见识、思维等也会发生变化，再看自己的文章时也会有不同的修改想法，所以对一篇文章反复阅读、思考、修改，会使得文章越来越完善，"温故而知新"，有新的突破。

五是交叉阅读法。进行交叉阅读可以先将全班分组，组内应包含各个写作水平的学生，同时读其中一名组员的文章，读完写下真实的评语，提出修改建议，接着换其他组员的文章读、评。这个组可大可小，甚至一个班为一个组也可以，重点是学生互相读、互相评、互相学习。渐渐熟悉其他学生的写作风格后提的问题越来越有指向性，更有利于学生在修改中进步。学生在评改别人文章的过程中作文评改能力得到锻炼，有利于对自己文章的修改。当然，这需要学生有一定修改能力之后使用。

（5）初中语文实施"以读促写"教学的效果评价。要看"以读促写"写作教学方法的实施是否能让学生写作水平的提高达到预期的效果，就需要教师设立一定的验证原则，在检验学生学习情况的同时也为教师教学的改进方向、侧重点做指导。可以从以下方面进行"以读促写"效果评价：

第一，表达意愿的积极主动性。首先，学生的主观能动性是其发展的主要动力和根本因素，所以要想有效提高写作能力，调动学生的写作兴趣是十分必要的。要真正爱写作，才能写出富含真情实感、可读价值高的好文章。所以"以读促写"的过程中要注重培养学生的写作兴趣，教师可以通过观察，对学生表达意愿的积极主动性做一定了解。例如，写作练习相关作业的完成情况、片段练习中发言情况、习作评改中的参与程度等，教师通过在旁细致观察学生的表现就能得到一定的信息，做成记录表，对学生进行有针对性的指导。

第二，表达过程的逻辑性。"逻辑"于无形之中对文章起着重要作用，一篇好的文章绝对不可能是逻辑混乱、前言不搭后语、句子混乱、读不懂的文章，所以检验学生的写作水平还要看其文章的逻辑性。例如句子是否通顺，首尾是否照应，过渡是否自然，因果是否明了，铺垫、伏笔是否恰当等，教师可以从这些写作的细节安排上检验学生表达过程的逻辑性，以判断学生写作能力。

第三，表达形态的修辞特征。平铺直叙的文章固然较真实，但是少了些灵动，难免有些乏味，若是加上适当的修辞便会使文章生动起来。在初中阶段学生需要掌握的修辞方法有比喻、拟人、夸张、排比、对偶、反复、设问、反问、引用、借代、反语这几种。教师在批改学生作文时要注意检查学生是否会灵活使用，并且使用得是否正确。

（6）单元整合"以读促写"。单元整合教学，即把同一单元的几篇课文放到一起，选择一个议题作为教学点，集中教学的形式，可以看作课内的"群文阅读"。每个单元内部提供的课文都是有所关联，却又丰富多彩，各不相同的"类文本"。学生通过单元整合不仅可以领会到这些作品的共同特征，还能在此基础上发现文本的差异，这样学生学习或模仿的任务目标更为集中，不同文本表达更易激发学生浓厚的阅读和创作兴趣。我们知道之前版本的初中语文教材，大多数是主题单元结构，即以主题为中心来组织单元。而现在统编本初中语文教材则不甚相同，有了很大的创新，它用双线结构来组织单元，每个单元虽然像主题单元结构一样都是按主题内容组织，所选课文也像其一样都能体现相关的主题，会形成一条贯穿全套教材的、很明显的线索，但又不会像主题单元结构的教材那样给予一个明确的命名。

与此同时，单元中会有另外一条线索，可以视为暗线，即包括语文知识、语文能力、学习策略和学习习惯、写作和口语训练等在内的各种"语文素养"的基本"因素"。这些基本"因素"会分成若干个知识或者能力训练的"点"，从各个角度、各种程度体现在各个单元的课文导引或者习题设计当中。教师使用这样的编排体例的教材，更有利于进行单元整合教学，并且能在单元阅读教学中指导学生写作。教师在实际教学的过程中，可更方便地整合单元课文，引发学生多角度思考，确立一个更加明确的议题，即通过课堂上精讲一篇文章，发散学生思维，带领学生自主探索、自主阅读单元中其他几篇文章，分析相同与不同之处，最后做出总结并能达成统一。除此之外，还能启发学生将心中所学、所悟、所感形成自己的阅读体验，再通过写作表达出心中所学、所悟、所感，真正做到"以读促写"。

第一，单元整合，积累写作素材。学生在写作过程中无话可说、无话可写，其中的原因之一就是写作材料匮乏。如果说结构是一艘船的龙骨，那么材料便是填充船体的甲板船舷，缺乏写作素材，肯定是很难写出一篇好文章的。任何作品从写作的开始，构成便绝不是看不见、摸不到的遐想；任何文章都应该是先有素材，打好基础好盖楼，作品建立在丰富的写作材料的基础上才能使人长久不会忘怀。所写文章的主题升华、结构布置、内容编排等，都会受到写作材料的直接影响，写作材料的丰富有助于写作顺利进行。

但现阶段初中生的情况却是，教学生活环境相对比较闭塞，学习压力大，学业较为繁重，使得初中生很少有机会去接触丰富复杂的社会生活，记录生活中的点滴。艺术高于生活，却也来源于生活，社会生活的缺乏，带来的最直接的后果就是写作素材的减少，那么阅读则弥补了这部分缺憾。对于学生来说，阅读的确是一种可以间接感受生活的非常简单便利的方式；通过阅读，间接的体验也是能迅速获取生活中写作素材的合适方式。作为教师，不仅要教导学生从阅读教学中积累素材，还要指导学生运用所积累的素材。

一是积累写作素材。①积累内容素材。依据统编本初中语文教材单元编排体例，每个单元都有一个共同的主题，选文内容都体现了该主题。因此，单元整合教学非常有利于写作内容素材的积累。②积累语言文字素材。语言文字素材可以看作一些好词佳句。优美的词句会让文章增色不少。而对于很多初中生来说，能将文章写得文从字顺已经很难得了，更遑论有文采了。因此，积累语言文字素材，可以让学生有初步进行优美、准确写作的想法，进而对素材进行模仿，达到有文采的写作。

二是运用写作素材。教材中所选的课文都是经过检验的经典，每篇文章都包含非常丰富的写作素材。教师的职责不仅仅是引导学生将这些写作素材挖掘并积累下来，还有指导学生根据需要合理地运用素材。首先，教师可以指导学生写阅读笔记。阅读笔记是对文本的深层加工，是学生经过对文本的深入理解和思考，加入自己独特的感想之后形成的语言文字。阅读笔记对形式和字数没有限制，唯一的要求是学生要围绕文章主旨，最大限度地发挥自己的联想和创造性。这种形式的素材积累不会让学生产生死记硬背的厌烦感，还可以让学生针对学习材料产生自己的认识，从而真正理解和吸收与文章相关的知识。如果学生能按照教师的要求保质保量地完成，势必会内化文章的写作素材，大脑中的素材库也得以更新和扩充。积累了足够的素材，并能对这些素材有自己的理解，在写作时就能将合适的素材以恰当的方式运用上。想要提高写作能力，需要大量的写作训练。写作素材的积累与运用也离不开学生对材料的理解和内化。因此，撰写阅读笔记是指导学生运用素材的一种很好的方法。具体实行过程中，教师可以规定阅读笔记的数量，如一周一篇，让学生针对自己感受较深的课文来写一篇阅读笔记；或者针对积累的素材有哪些感想来写阅读笔记。用这种规定促使学生的写作在数量和质量上都有所提高，培养学生良好的阅读思维习惯以及通过阅读促进学生写作。长期积累必将提高学生的情感表达能力和人文素养。总之，阅读笔记是一种很好的形式，不仅可以帮助学生积累材料，还可以提高他们的创造力。其次可以结合一些写作技巧，指导学生根据需要对素材的简略、顺序等进行调整。

第二，单元整合，指导写作技巧。

一是写作方法的指导。写作方法属于艺术表现方法，在阅读教学中经常涉及，考试的阅读题目中也会经常出现，但是学生却很少运用到写作中，导致作文平淡如水。因此，教师应在阅读教学中有意识地指导学生如保运用写作方法。在单元阅读中，经常有单元文章运用同一写法的情况，这就为单元教学"以读促写"提供了天然的便利。

二是结构布局的指导。文章的结构布局是文章各部分之间、各部分与文章整体之间存在的内在联系和外部形式的统一。文章都是由中心主旨、材料、结构三个要素组成的。中心主旨是文章的"灵魂"，要明确无误；材料是"血肉"，要丰富，并能集中地反映中心；而文章的结构是起支撑和连接作用的"骨架"，是组织段落、整合全文的方法，是围绕中心组织材料的手段。可见，结构布局对于一篇文章而言至关重要。学生有了丰富的素材，还需要正确运用。

第三，单元整合，指导写作语言。语言文字是聚合写作材料、表达作者情感、连接读者与作者的中介。语言文字运用是否恰当、优美，是衡量一篇作品的重要标准。初中生写作文，语言方面的基本要求是语句通顺，在语句通顺的基础上做到有文采，就是一篇较为优秀的作文了。

(7) 课文重组以读促写。重组，即重新组合，是指打破教材原有的编排顺序，围绕目标对课文进行重新组合。在单元整合教学中，可能会出现某一单元只有课文主题相关，找不到其他"以读促写"结合点的情况。在这种情况下，教师就可以更加灵活，根据不同的教学目标对课文进行重组，创造性地使用教材。

第一，类文重组指导文章立意。类文是指文章内容和主题思想相近的文章。选取类文进行组合，可以让学生运用比较的方法，找出这些文章的异同，分析文章的立意。如《邓稼先》《说和做》《纪念白求恩》都是写的在某方面有突出贡献的伟大人物。教师首先指导学生通读课文，理解文章内容。学生在理解课文的基础上，分析比较课文选材角度、写法、语言的不同，思考探讨作者的思想感情。其次教师可以引导学生进行反推，从作者的写作思路出发，分析为了更好地表达思想感情，作者是如何围绕文章主旨来组织材料、下笔行文的。

第二，同文体重组指导文体知识。文体是指独立成篇的文本体裁，主要包括散文、小说、诗歌等形式。将相同文体的文章组合在一起，有利于学生学习该类文学体裁的文体知识，并在写这类作文时运用其中。例如，散文是抒发作者真情实感的一种文学体裁，写作方式灵活自由。狭义的散文包括叙事散文、抒情散文等。散文的特点是形散神聚，语言优美或平实，意境幽邃。教师以此为教学目标，将各类散文组合在一起，不仅可以让学生更清晰地学习散文的文体知识，还可以学习散文的写法。

第三，多角度重组指导写作技巧。根据学生写作的需要，还可以从各种写作技巧方面来重组课文。例如可以以叙事角度作为教学目标，选择《阿长与〈山海经〉》和《背影》，这两篇文章是以第一人称来叙述的，为了让学生理解叙事角度对文章内容的重要影响，可以让学生用全知视角来改写文章。改写之后与原作进行对比，体会不同的叙事角度的不同效果。再如，有些学生在写作文时缺少人物描写，以致行文不够具体生动，所写人物脸谱化，缺乏真实性。教师就可以对有精彩人物描写的课文进行重组，让学生学习刻画人物的方法。学生得到了具体而有针对性的指导，并联系实际经验和自身感受，理论联系实际，就有可能描写出生动的人物。

当然，以上只是课文重组方式的几种思路，根据实际学情，我们也可以从表达方式、修辞手法、写作方法等不同角度进行课文重组。学生需要什么、哪部分写作能力较为缺乏，教师可以据此来确立以读促写教学目标，根据教学目标确定重组的内容。

（三）"以读促写"应注意的问题

"以读促写"教学不同于传统的写作教学，它带有极强的目的性和针对性，以阅读为依托，在阅读的基础上有针对性地提高写作能力。如果教师没有恰当指导，反而会使学生的写作出现机械套作的情况。因此，在"以读促写"教学中，教师一定要注意以下问题。

第一，符合学生实际水平，不要要求过高。初中生所处的学段，课标要求达到的目标是"文从字顺""写记叙性文章，表达意图明确，内容具体充实"。教材中选取的课文，都是专家、教研人员精挑细选，或者经过时间的检验入选的，是经典之作。在实际"以读促写"教学中，教师以这些经典课文作为依托，如果讲解过于深入，会使学生产生畏难心理。因此，教师在"以读促写"教学中，要根据学生的实际水平，选择或深或浅的指导，对于学生"以读促写"的成果，也不要要求过高。

第二，找准"以读促写"结合点，不要生搬硬套。每篇课文都有作者独特的风格，都是作者内心的独特感受。不管是单篇"以读促写"，还是单元整合"以读促写"，都要把握住每篇文章的独特风格，尤其是在单元整合"以读促写"中，要求同存异，在"同"中总结写作的一般规律，在"异"中比较每篇课文的闪光点。关注一组课文的"同"，并将其作为"以读促写"结合点，同时也要关注"异"，让学生有独立分析思考的能力，不能生搬硬套。

第三，潜移默化促写作，不要操之过急。通过阅读来促进写作，这种教学方式是有针对性、有功利性的。这种方式能让学生在阅读学习过程中掌握应有的写作技巧、写作素材等，但在实际"以读促写"教学过程中，并不意味着学生有了独立写好作文的能力。这并不是说"以读促写"教学无用，而是写作是一个长期积淀的过程，并不是速成的。"以读促写"的真正目的，是通过语文课必不可少甚至占主导的阅读教学，让学生在潜移默化中培养写作的兴趣，掌握写作的必需能力，从而达到厚积薄发的效果。因此，在统编本初中语文"以读促写"教学中应遵循"以读促写"的特有规律，潜移默化、循序渐进地在阅读教学中提高学生的写作能力和语文素养，不能操之过急。

第四，培养学生的创新思维，不要机械模仿。"以读促写"教学的目的是让学生在阅读教学中学习写作，提高写作水平。以教材中的选文作为例子，使学生通过这些选文掌握写作的能力。在"以读促写"教学中，教师常常通过仿写的方式让学生练习写作。这是"以读促写"的一种重要途径，但还是应该注意培养学生的创新思维，防止学生在作文中机械模仿。

二、初中语文有效教学中的"以写促读"

（一）"以写促读"教学的含义

1. "读"是目的与归宿

要理解"以写促读"，首先必须弄清楚其中的侧重点到底是"写"还是"读"。读与写之间相互关联，但这里所要阐述的重点在于"读"。"以写促读"以"读"为目的和归宿，其一般实施过程为"读—写—读"，最终的环节必须落在阅读上。部分教师在阅读教学时依然强调写作，将写作技巧作为阅读教学的主要内容，在阅读中重点汲取可以借鉴的写作知识，会导致目的与手段混淆不清。"以写促读"必须指向阅读，并以帮助学生有效阅读、深化阅读为首要任务。其次，在阅读教学中单纯学习文本中的写作技巧并非真正的"以写促读"，文本的理解应该是全面的、深刻的，不能局限。写作是对阅读知识的应用与再现，而将写作作为一种手段来激发学生的阅读兴趣，强化阅读动机，深化阅读理解，是一种更具自主性的阅读教学形式。最后，教师在阅读教学过程中充当的是引导者，让学生依靠"写"全身心投入阅读中，以文本为出发点，把阅读与写作有机结合，从而探索理解文本的语言、情感、结构等多方面内容，增强阅读效果。

例如，在教学朱自清的《春》一文时，教师在教学"小草偷偷地从土里钻出来，嫩嫩的，绿绿的"一句时，可以组织学生就春天的草进行相关描写，要求学生写出春草从泥土中刚刚长出来时的特点。学生所写的句子也许包含了自己独特的角度，但依然会显现出一些不足。"以写促读"的关键就在于利用这些不足之处，来引导学生通过比较分析自己的作品和朱自清的文字之间的差异，找到作者选词或句式上的亮点，从而进一步感受作者细腻入微的描写和恰到好处的情感流露。

总之，经历了"写"的过程，学生从中尝试、比较、体验，势必会发现在与作者相似的条件之下，自身把握语词的能力还是难以超越作家本身。所以最终阅读思维的指向点仍然需要回归文本，去分析作者写作的精妙之处。"以写促读"，必须让学生聚焦课文，以阅读为最终的归宿。经过自己的一番创作，积累了经验和教训，阅读时就会多一分自觉和敏锐。有效的"以写促读"实则是以提高阅读效果为目的，运用在初中语文阅读教学中，让学生在语言的"迷宫"中自主探寻、重新构建，最终品味出作者语言之精妙，加深学生对文本的理解，深层次地把握文本的精髓所在，真正读懂作者写作的意图。

2. "写"是手段与途径

王荣生教授在《阅读教学的基本任务与路径》一文中指出，阅读教学的基本任务是要帮助学生克服语文经验的落差，建立学生与"这一篇"课文的链接。因此，要完成一定的教学目标，语文教师就必须选择合适的阅读教学方法和路径来引导学生理解课文。在教学目标明确的情况下，完成阅读要求的方式就可以是多种多样的。其中，"写"就是一种可供选择的有效路径，但在进行"以写促读"

时，对"写"的定位把握十分重要。

"写"是一种针对阅读的有效辅助，"写"是扫除阅读障碍过程中的一种辅助活动，利用"写"抓住阅读的突破口，把握瞬时产生在头脑里的想法。这也说明了"写"对于"读"具有极大的助推作用，通过一定要求的"写"可以让学生转换思路，在不断揣摩文本的过程中使阅读变得清晰、有条理，从而更加易于感受文章的独特之处。当教师围绕文本提出问题，让学生"写"，学生就会在"写"中自发地去阅读文本，寻找必要的信息，引发深入思考和探究。"写"是一种任务，给予学生一定的束缚，让他们有动力去"读"，但同时"写"的设计也是一种需要，提供给学生阅读的方向，让他们"读"时有抓手。教师在阅读教学中，有技巧地设计"写"的活动，可以帮助学生逐渐减少对教师解读文本的依赖性，也可以提高学生阅读学习的自主性，为日后更多的阅读活动培养良好的自觉意识。

3."以写促读"是"读"的深化

阅读是获取和积聚知识的主要途径，但在实际教学中也会出现这样的情况：学生明明读了许多课文和书，却很容易淡忘，阅读的量增长了，理解力却未见提高。虽然阅读教学应当以读为主，但"不动笔墨不读书"，阅读还是需要依靠"写"才能真正得到深化和促进。如果阅读教学中只有"读"，没有让学生明确地去"写"，那么学生的理解永远只能依赖教师的各种讲解引导，并不能依靠自己的思维去主动探寻文章的内涵。实际上，阅读教学的重中之重就是要在学生语文素养形成的基础上进一步发展其思维和能力。

"写"作为一种阅读的技能，需要被语文教师适当运用于阅读教学之中，以此增强学生对语言文字的积累、内化和运用，加强阅读带给学生的人文熏陶和真实体验，使学生在阅读上拥有更为广阔的自主发展空间。

读书笔记属于阅读过程中"写"的形式，初中生在日常的阅读活动中，利用这种方式进行阅读，可以在"写"中不断收获对文本的新鲜感悟，再用一种书面的形式记录下来。这样一方面加深了对文本内容的理解；另一方面也锻炼了深入思考的能力，使"读"出来的成果不再停留于表面。由此可见，所谓"以写促读"，其中的"写"与"读"，并不是同一平面上的两个活动，"写"是为了促进"读"，"以写促读"实则是"读"的深化。

（二）"以写促读"教学的特点

1. 指向性特点

"以写促读"是一种读写关系明确且目标性强的阅读策略，它不仅反映出读写之间的紧密联系，也表明了"读"是"写"的最终目的和归宿，"写"是促进和深化"读"的手段和途径。无论是读还是写，其生成或分析的对象都是文本，所以在"写"的驱使下，"读"可以拥有更多的动力。学生依靠"写"的帮助，能够在很大程度上明确"读"的内容和范围，更好地提升"读"的效果和品质。"以写促读"阅读策略，重在激发学生主动、有针对性地去读，可以避免阅读过程中"读"的盲目性，帮助学生准确地把握和理解文本的关键性内容，具有较强的指向性。

2. 过程性特点

学习必须经历一个反复记忆和强化的过程，不能一蹴而就，因此"以写促读"强调的是"写"和"读"的过程性。第一，"写"是一个过程，学生在阅读过程中进行"写"，不仅是其对文本所读内容之内化，更是自身思想和理解水平的外化。学生阅读中的"写"是以任务的形式存在的，学生必须开动脑筋去思考，结合文本进行构思和创作。"在这个环节中，学生不可能马上说出正确答案，而反复地斟酌、探究，便带给学生一种独特的语言组织建构的过程体验。"① 第二，"读"也是一个过程，需要循序渐进，学生对文本的理解需要建立在不断地"写"的尝试上，再经过对比形成对文本内涵的深入理解。

3. 有效性特点

"以写促读"是一种阅读策略，而它的最终功能就是指导学生将外在的知识转化为内在的素质。学生利用"写"进行"读"，整个过程围绕文本的阅读展开，并且反复循环进行，每一次都是对文本的一种深入探究理解。学生阅读积累的过程必须经过语言理解的过程，在这一过程中，学生为了完成"写"的任务去

---

① 闫红梅，单大旺，李广峰. 基于读写结合在初中语文课堂的有效教学研究 [M]. 长春：吉林人民出版社，2020：89.

反复推敲文本，必然有着激烈的思维碰撞，从而逐渐将语言本身化为己用。"以写促读"阅读策略对提高学生的语言组织运用能力和阅读水平有相当的帮助，同时也可以丰富学生阅读中的体验和经历，在初中有限的阅读时间内把握更多的阅读机会，具有明显的有效性。

4. 趣味性特点

教是为了不教，阅读教学的落脚点就是培养学生的阅读兴趣，让学生掌握科学的阅读方法，养成可以受益终生的良好阅读习惯，并在过程中形成较强的阅读能力。"兴趣是最好的老师"，"以写促读"中的"写"的任务，就是一种学生主动积极参与的活动形式，可以充分激发学生的创作热情和兴趣。教师把阅读的主动权交给学生，学生就可以根据自己对文章的初步感知进行创作。这一过程是灵活且轻松的，学生可以充分调动自身的经验进行构思，在不断的尝试中前进。这一过程势必充满了语言运用上的趣味性，也提升了学生进一步沉入文本进行深度阅读、比较、领悟的动力。

(三) "以写促读"教学的策略

1. 构拟故事，写作时要适当留白

为了追求气韵，做到虚实相生，浓淡相宜，中国画画家会采用一种叫"留白"的构图技巧，即在构图时，预留出部分空间，不下笔，不着墨，意在利用黑与白、虚与实之间的强烈对比，带领读者去思考创作者的真实意图。"留白"是一种从无到有的转化，而优秀的文学作品往往能够在含蓄中见真情；文学之美，也就在于运用了与绘画相似的留白艺术，体现在这些弦外之音中。例如，诗歌具有一种独立的完整性，其生命力来源于诗人精心营造出来的含蓄与曲折。诗人通过写而不"满"，制造弦外之音，通过改变句式，完成运笔迂曲，在诗歌中形成了若干"空"与"曲"。所以，在教学诗歌时，想要让学生明白诗歌带给人的庞大想象空间和其中的留白迂回，以此挖掘出更多诗歌的内涵，就可以采用"构拟故事"的策略来"以写促读"。

学生发挥联想与想象，用"写"去适当补充和调整文学中的"空"与"曲"，从而探索文中之境。构拟故事，不是让学生随意创作一个与文学作品相关

的新故事，而是根据文学作品的内容，通过添枝加叶、补全填充等方式把文学作品中描绘的事件或场景写完整。在这样的文学作品教学过程中，教师必须着眼于整体，努力引导学生发现文学作品中的留白与迂回。同时，教师也要充分发挥自身的指导作用，让学生结合具体的文学作品，用自己的理解去进行补充和丰富，使学生挖掘文学作品意蕴的热情得到充分激发，进一步在内容上拓展文学作品的意境，品味文学作品的意趣。

"构拟故事"就是一种可运用于初中文学作品阅读教学中的具体的"以写促读"实施策略，其优势在于利用学生对文学作品的理解，去形成另一个可供比较的文本，这个文本可以是改编的散文，也可以是其他有趣的形式。

2. 填字游戏，把握文本独特之处

随着时代的发展，炼字或炼句逐渐成为诗歌创作的自觉，尤其是在文学艺术达到高度繁荣的唐代，涌现出了大量炼字佳作，且具有很高的艺术境界。自唐以后，炼字成为历代诗人的作诗必修课，进而绵延至今，甚至出现在现代文学作品之中。无论是"语不惊人死不休"还是"吟安一个字，捻断数茎须"，均可见古人作诗时对语言锤炼的重视，力求用最恰当、生动的字句来抒发自身的情感与思想。

填字游戏，即要让学生去探索、体验作者语言建构时的喜悦与兴奋，这就需要教师提前做好教学设计，将文学作品做一定的陌生化处理，把文学作品语言中最精准或最值得学生创作发挥的字词做必要的遮盖。换言之，这也是重置一部文学作品，把相对不完整的文章呈现给学生，让学生亲自参与字词的把控。在课堂上，教师需要带领学生重回作者创作时期的情境，让学生自由发挥创作，根据自身所学，选择认为最合适的字词填补进被遮挡的空白处。学生通过自己的创作、构思，亲自去感受把握语词的困难和艰辛，就会发现创作一个优质文本的不容易。然后等学生思考后，再将作者创作的诗句或字词展示出来，让学生把原作和自己的创作放在一起，在两者的比较间看出好与不好的差别，从而清晰地感受到作者对字句的精准把握，进一步理解其独特的魅力与妙处。

第三节　初中语文教学有效性评价与反思

一、初中语文教学的有效性评价

"评价是一门艺术，是有效课堂教学中一项得力的措施。"① 随着社会的发展，课堂需要具有鲜活性、生命性，评价方式也应该具有鲜活性、生命性。

（一）言语评价的有效性

1. 准确得体

对学生的评价语言要准确而又得体。要因人而异，具有针对性地做不同的评价，而这些评价又恰恰能给学生以提醒或纠正。"你读得很正确，若声音再响一点点就更好了。""老师、同学又没追你，你干吗读得那么快？要注意呀！""读得真好听，老师要感谢你的爸爸妈妈给了你一副好嗓子，不过要是加上表情就更加能传情达意了，不信，你试一试！""读课文应大大方方，别缩头缩脑呀！""这个字念得不够好，跟老师再念一遍。"贴切的评价语客观地指出了学生的长处及存在的缺点，让学生一步步做到朗读的基本要求：快慢适度、富有节奏、态度大方、语言流畅。

2. 生动丰富

在课堂教学中，还要有多样、灵活、生动、丰富的评价语，使学生如沐春风，课堂内总是生机勃勃。就拿读完题目后来讲，对学生的评价语言就可以非常富有表现力和感召力。"读得真不错！""大家听了都在佩服你念得好！""这个句子你读得多好呀！请你再读一遍，大家仔细听听！""老师都被你读得感动了。""你念得比老师还要棒！""到目前为止，你是念得最出色的一个！""老师觉得，你长大肯定能当一个播音员！"如此生动、亲切、明朗的语言，学生听后怎么会

---

① 刘云生. 语文有效教学与文学教育探究［M］. 成都：四川大学出版社，2013：70.

不被深深感染？怎么会不大受激励呢？学生跃跃欲试，一个个教学的高潮正是如此形成的。可以说，生动丰富的评价语言最大限度地调动了学生学习的主动性、积极性，活跃了课堂的气氛。例如，学生只要回答对一个问题，授课教师就进行表扬、加分和鼓励，学生每听对一个单词，教师就对其说"很好"，做对一个动作就说"不错"。在一个环节结束后对各组进行总结性的评价，并对落后的小组说"加油"！

3. 机智巧妙

作为学生，他们在课堂上的回答不可能每次都完全正确，老师在教学中就应该运用自己巧妙、机智的语言来纠正、鼓励学生的回答，注意情绪导向，做到引而不发。如，有时学生说错了，就说："说错是正常的，没关系，再说一下！"有时，学生重复了前几个同学的回答，也不要去指责学生没认真听课："噢！你认为这很重要，再强调一下，对吗？"这一系列充满爱心、智慧的话——化解了学生在课堂中的尴尬，小心翼翼地保护了学生的心灵。如此一来，学生自然会没有任何心理负担地投入到学习中了。

4. 诙谐幽默

幽默是现代课堂教学中不可多得的品质，它打破了课堂内死水般的枯燥局面，使整个教学过程达到师生和谐、充满情趣的美好境界。它不仅提高了教学语言的品位，而且优化了课堂教学效果。幽默是思维的火花和智慧的结晶，是教师知识、才能长期积累的结果。诙谐幽默的评价语恰到好处地推动了教学过程，使教学信息的传导风趣而高雅。

5. 独特创新

教师的口语表达方式丰富多样，能够巧妙地将有声语言与体态语言相结合，预设语言与随机语言相互融合。根据学生的反馈或突发情况，教师应灵活调整预设的口语流程，以独特创新的方式进行评价。在课堂上，教师可以适时举起大拇指、鼓掌或与学生握手，表达对他们的精彩回答的祝贺。实际上，评价语言不应仅限于一种形式，而应因人、因时、因课以及因特殊情况而异。教师应全身心投入，创新地对学生进行评价。在一次次惊喜中，引导学生全身心地投入学习。

（二）非言语评价的有效性

非言语评价作为一种辅助手段，弥补了言语评价的不足，使得我们对学生的评价呈现出"无声胜有声"的效果。在教学过程中，教师的微笑具有鼓舞作用，为学生带来安全感；专注的目光激发学生的信心，助力他们走向成功；真挚的情感打动学生，使他们如沐春风，健康成长。这种难以察觉的非语言评价，或许对他人来说无关紧要，但对被评价的学生而言，其效果显著。

总而言之，在处理学生问题时，教师应尊重并理解学生，营造民主和谐的课堂氛围，宽容对待他们的错误，给予他们时间和空间认识并改正错误。在这样的环境下，学生能够正确面对自身的不足和错误，反思学习过程，并在教师和同学的帮助下，积极地进行自我调控。

（三）评价形式的有效性

在语文学习活动中有大量的认读任务，几乎每节课都少不了。从评价的有效性来看，学生在练习认读时，采用同桌或小组内互评的形式比较好。因为老师在点名检查或让学生示读的时候，只有少数同学才有机会，也只有这些同学在学习中存在的问题才能被老师和同学们及时指出来并得到更正。例如，小组读书时，一位同学对一组员说："你敢读书，这说明已经进步了，但是不流利，还要多预习。"那位被评价的同学心悦诚服地点点头。从这难得的语言评价中可以看出学生在老师的潜移默化下已经显得比较成熟，已经基本知道如何看问题，如何用语言来较准确评价他人，并且做到使他人愉快地接受，从而达到评价的有效性。

进行有效教学评价的主要目的是全面了解学生的学习过程，激励学生学习，改进老师的教学。利用真实可信的课堂评价，可以使学生增加学习的信心，建立以学生为本的教育评价理念，有利于学生的长远发展。评价要促进新的教育理念的传播和实施，有利于学生个性化、多元化的成长。对于各科学习的评价，要关注学生的学习结果，更要关注他们的学习过程，以及在学习过程中表现出来的情感和态度，帮助学生认识自我，建立信心。

二、初中语文教师教学的具体反思

教学反思是教师对自己教学过程的再认识、再思考，并在此基础上对自己专业成长的过程进行审视和分析的过程。教学反思是教师提高个人业务水平的一种有效手段。在反思中，教师可分析总结教学过程中得与失、成与败的原因，从而不断取得进步，对教师的自我提高，对教学有效性的改进有很大作用。

（一）教师教学反思的作用

第一，可以加强教师的自我修养。教育工作实则纷繁复杂，教学过程中所遇挑战层出不穷。如学生顽皮、教学成果未达预期、学业成绩不尽如人意等。在面临巨大压力之际，教师心情亦随之恶化。此时，撰写教学反思旨在"去旧"，以调整自身心态，"去旧方能迎新"，使教师保持情绪稳定、心态良好，以最佳状态投身教育事业。

第二，可以提高教师的教学水平和教学能力。教学反思应贯穿于教学活动的始终，课前对组织教学的思考："本课该用什么教法？这样的导语合适、恰当吗？准备的教学资源充足吗？课后对教学过程的总结：这节课是否完成教学目标？达到的标准是什么？如果没达到的话，原因是什么？这节课感到比较得当的地方有哪些？存在的问题又有哪些？"通过这些反思活动，不断地进行课堂教学的改进和对学生学习方法的改进，以期达到更好的教学效果。这样，一定可以提高教师的教学水平和教学能力，甚至可以在反思中形成自己的教学风格。

第三，可以让教师更有效地组织教学。教与学是两种个体间发生的知识传递关系，教师起主导作用，学生则是学习主体。教师的情绪和教师对教材的掌握、对学生的了解、对教法的把握等情况都直接作用于学生，直接影响着课堂气氛与授课效果。同样，学生的注意力情况、学生的精神状态、学生的知识差异也反作用于教师。教学反思有利于教师摸索出使学生密切配合的方法，使之更有效地组织教学，促进教学效率提高。

第四，有利于教师角色的转变。都说教师是"教书匠"，其实，每位教师都可以成为智慧型的教师，成为专家型的教师。我们每天都在研究学生、研究教材、研究教学，只要将这些研究变成文字，勤心记录、坚持反思，每位教师都能成为专家，都能从"教书匠"变成专家型教师。

第五，可以提高学校的教学质量。学校教学最看重的就是教学质量，教学质量的提高取决于学校的每一个班级，而每一个班级的综合成绩靠的是每一个学生的成绩。教学反思可以让教师更好地管理班级，加强对学困生的了解与帮助，对中等生、优等生成绩的再提高。这样，班级的整体水平提高了，也就有效地改进了学校的教学质量。

（二）教师教学反思的内容

有效的教学反思应包括以下方面：

第一，教学行为是否达到教学目标。教师在教学中应反思是否以总体课程目标为指导，以适应社会进步和学生发展的需要为目标，全面综合设计教学目标。

第二，教学活动是否能"沟通"与"合作"。"没有沟通就不可能有教学。"成功的教学过程，应该形成多种多样的、多层面的、多维度的沟通关系。在教学过程中应反思师生之间是否形成一个"学习共同体"，彼此相互理解、积极互动、共同发展，进行心灵的沟通与精神的交融。

第三，是否真正解读了文本。教师对文本的探究不能仅仅停留在教参给我们的信息。学会解读文本，是因为要使学生有感悟、有体验、受感动，教师就得先有感悟、有体验、受感动。只有教师认真钻研教材、解读文本，在教学中才会感染和熏陶学生。一堂课不可能是十全十美的。课后，教师应反思教学进行得是否顺利，是否达到预期的教学效果，是否符合教与学的基本规律等问题，才会有的放矢，有针对性地加以改进。

（三）教师教学反思的要求

在教学反思的过程中，须注意以下要求：

第一，教学反思的关注点应集中。反思不是简单回想自己全部的教学过程，它更应该是一种可重复试验的具有研究意义的教学思考。教师在一段时间内的关注点如能相对集中，长时间对这一点进行反思研究，有利于接近问题的本质，让研究更深入。

第二，教学反思应遵从理论。教师应多读课程论、文学论、新课程解读等方面的书籍及教育教学专著。这些既可全面提升教师教育理论水平、更新教育理念，也可让教师在反思中有理论依据，促进教师专业发展。

第三，教学反思应以书面形式呈现。再多的教学反思若不以书面形式呈现，都会随着时间的推移被慢慢淡忘。在教学中，我们应积极、主动地对自己教学活动中具有研究价值的各种经验，通过书写教学日志的方式来不断更新自己的教育观念，以此改进教学工作，促进自身的发展。

（四）教师教学反思的方法

要提高教学反思的效果，必须讲究科学的方法。教学反思的方法具体如下：

第一，写反思日记。教师在一天的教学工作结束后，通过写反思日记对自己当天的教学过程及时进行总结，可以总结自己在教学中的得与失，也可以写下自己在教学过程中产生的各种灵感，对学生在课堂上反馈的信息也可用这种形式记录下来。形式可以是多样的，点评式、提纲式、专项式、随笔式，都可以运用。

第二，课堂教学现场录音、录像。借助录音、录像手段，教学过程得以真实呈现。此举使教师能够客观审视自己的教学实践，实现"旁观者清"的效果。教师可把握细节，斟酌过程，以系统、客观、理性的态度分析现象成因，探讨应对策略。通过自我认知，教师进而得以优化教学方法，提升教学品质。

第三，以专题研究促进反思。以专题方式对教学实践进行深入反思，教师在教学过程中可根据学生状况、教材处理等因素，确定反思专题，如"探讨自信心与成就感培养对学困生的助力""研究有效导语设计的要领"以及"探究初中生课外阅读现状"等。教师据此进行自我反思，并记录过去教学中所采取的措施、当前正在进行的教学改进以及未来努力方向，这既有助于教师个人教学素养的提升，同时也展现了专题研究的成果。

第四，学生信息反馈。学生作为教学的主体，他们会根据自己的兴趣、爱好和实际需求对教学的内容、方法、过程、组织形式做出客观真实的评价。教师可采用问卷、谈话等形式收集学生的反馈信息，对于学生提出的合情合理的要求和建议，教师应真诚接受并在以后的教学中有意识地改进；对于那些合情不合理或合理不合情的，教师也应做出一定的解释和说明。

第五，与同事、专家交流。教师还要通过与同事的交流研讨来反思自己的教学行为。教师可邀请同事、名师听自己的课，评自己的课；或听同事、专家的课，参与评价；或就某些问题与同事、专家交流、合作，让自己更清楚地意识到隐藏在教学行为背后的教学理念，反观自己的意识与行为。这样可以取人之长、补己之短，从而在互助合作中进步，在互补共生中成长。

如果我们认真对待教学中的每一个环节，敢于审视自己教学过程中的各个环节，养成良好的反思习惯，并一如既往地坚持教学反思，我们的教学有效性就会自然生成，而交流也会真正成为教学有效性的助推器。

第四节　初中语文课堂有效教学策略探究

一、在课堂中体现以学生为本的理念

（一）构建平等、融洽、和谐的师生关系

和谐课堂是指在课堂教学中，师生之间营造的一种民主、平等、愉快、积极的教学氛围。构建和谐化课堂，旨在为学生创造一种宽松愉快的学习氛围。当学生在宽松愉快的课堂中以一种愉快的心情学习时，学生接受信息和处理信息的能力就可以得到强化和巩固，从而促进学生在知识与技能、过程与方法和情感态度与价值观方面的主动发展。创设民主和谐的心理环境和自主参与的教学情境，使学生主动创新是提高课堂效率的前提。想要营造一个民主、平等的教学情境，首先就要教师以微笑的面容、亲切的话语、饱满的激情去感化学生、亲近学生。并且教师还要善待学生，当学生出错时，教师不训斥、不惩罚，耐心指导；当学生取得点滴进步时，教师应给予及时肯定，并鼓励他们。这样就慢慢地打消了学生对教师的惧怕和隔阂的心理，于是在轻松愉快的合作学习中完成了学习任务。其次，教师在课堂上展示的才华和能力，幽默风趣的个性，对学生的关心等人格魅力会让学生对语文课堂保持浓厚的兴趣。因此，教师要深入学生，做他们的亲密朋友。师生关系和谐，才能创建有效的课堂氛围，才能顺利开展教学活动。在语文课堂教学过程中，创设轻松和谐的课堂教学氛围，可以让学生产生良好的心理效应，处于积极的情感状态，从而主动而愉快地学习。

（二）激发学生兴趣，调动学习动力

兴趣，作为激发学生主动求知的内在驱动力，是学生在学习过程中最具现实

性与活跃性的积极因素，表现为一种热衷于探索事物、积极参与实践的心理倾向。当学生对学习产生浓厚兴趣时，便能驱动各类感官凝聚于学习任务，为参与学习活动奠定良好的心理基础。兴趣程度越高，学生的学习积极性相应越强，进而加速知识的掌握进程。教师可采用多样方式激发学生兴趣，如精心编制导入语、设计启发性问题，以及运用课本插图等手法增强教学的直观性。同时，通过图片、视频等多媒体手段，构建生动的教学情境，以激发学生兴趣，进而实现引导学生主动学习的目标。

（三）提高学生参与意识，让其成为学习的主人

课堂教学中，教师要给学生提供独立活动的空间，让每个学生都有参与活动的机会，在活动中有一块属于自己的天地，能表现自我。在教学中，教师要给学生充分的时间，组织学生自读，在自读的基础上，引导学生抓住重点内容理解并在小组内讨论，讨论后，又组织学生交流成果。整个教学过程，学生始终在教师自然顺畅的导引之下，自主学习、自主阅读、自主感悟，实现重点训练项目人人都有参与机会。每一名学生都参与了对教学内容的理解，并以此为切入口，突破学习难点，顺利完成学习目标，课堂也一改沉闷的局面，学生在课堂上也"活"了起来。

（四）充分尊重学生学习的实际

教师在进行教学设计时，要充分尊重学生的学习实际，找准学生学习的现实起点，顺着学生的思路设计教学过程。教师在课堂上要善于倾听学生的发言，关注学生的想法，及时抓住学生知识经验的变化状况，及时了解学生的真实想法，了解学生的现实状态，不断地调整自己的教学行为，适时、果断地对自己的教学环节进行调整，对教学内容进行整合。课堂教学不能仅仅由教师"教"的思路主导，还应根据学生"学"的规律进行，使教学活动做到有的放矢。

（五）培养学生自学的习惯和能力

课堂教学是培养学生语文自学的习惯和能力的主要渠道。有效教学的实现依赖于有效的课堂，而有效课堂的形成必须立足于学生的成长，只有通过学生的自

主活动和自主学习，才能更好地推进有效课堂，促进有效教学的实现。

二、不断提升教师的自身素养

（一）丰富自身知识素养

教师的职业本身就要求自己应孜孜不倦地提高文化素养，随时充实自己的知识储备。语文课是门综合性极强的内容广博的基础课。由于教学内容的复杂性，其知识序列不够明显，加之教学内容不断地更新、充实和调整，这就需要语文教师具有较高的语文素养和较为完备的知识结构。教师的知识储备要远远超过教学大纲规定的内容，在教学过程中，教师操作起来，才能得心应手，游刃有余。一个语文教师应该具备多领域的知识。既要有扎实的专业知识，如语言文字知识、文学知识、写作理论知识和美学知识，还要有丰富的诸如哲学、史学、教育、心理学知识等辅助知识，以及具备一些边缘知识，如琴、棋、书、画等素养。具有这些知识，才能构成语文教师较为完备的知识结构体系。事实表明，语文教师有充足的知识库存，才能在教学的前沿阵地"冲锋陷阵"、游刃有余，课堂教学效果才是高效的。

（二）提升教学能力品质

语文教师的教学品质，如口头表达、阅读分析、板书设计以及观察注意力等，对于其圆满完成教学任务及提升自身教学水准具有至关重要的作用。其语言的清晰度、流畅性、启发性、逻辑性以及情感性能，可直接影响学生的学习情绪及能力培养与发展。语文教师应借助自身语言的魅力，开拓学生思维，激发其强烈的求知欲望。因此，语文教师的语音语调应力求抑扬顿挫、音韵和谐、节奏明快、畅快淋漓。板书与练习共同构成了教学的完整体系，板书的直观性有助于学生识别教材重点，理解教材层次，强化语言印象，促进理解记忆，并培养学生良好的书写习惯。经验丰富的语文教师会高度重视板书的条理性、图画性及说明性。

（三）增强教学组织能力

教师课堂上的观察力和注意力的分配是非常重要的。教学是可控的反馈活动。有经验的语文教师总是以敏锐的观察力注意学生哪怕是细微的情绪波动，通过调控、及时改进方法、调整思路，保持与学生信息畅通反馈，达到动态的教学平衡。在平衡状态下让学生获得最大的知识信息量，实现课堂有效性。

（四）及时获取学生反馈

提高语文课堂教学的有效性，需要教师多途径、及时有效地获取学情反馈。第一，要从课堂上学生学习情绪中获取反馈信息，及时调整课堂教学。第二，要从学生的朗读、答问、质疑中获取反馈信息，因势利导，适时点拨。第三，从学生的口头和书面练习中获取反馈信息，及时查漏补缺。第四，从课后征询学生意见中获取反馈信息，认真加强"教"与"学"的协调性。从而制定一套科学的、可操作的、激励性的语文学习效果评价制度，坚持对学生的听课、作业、笔记等方面进行跟踪，及时了解学生的学习、复习状态与状况，以便在课堂教学过程中做出针对性的调整，优化课堂教学。

（五）掌握现代教育技术

能熟练利用计算机制作课件，独立自如地使用多媒体教学，有效地提高教学水平。进行媒体组合教学设计要根据教学内容、教学要求的需要，为实现教学的整体目标服务，不能为了实现形式上的多样化而滥用多媒体教学，要让多媒体手段恰到好处地发挥作用。

（六）不断进行教学反思

教学反思是提高课堂教学效益的保证，它是"教师专业发展和自我成长的核心因素"。教师要养成自身经常进行教学反思的勇气和习惯。教学反思常常是从教学这一层面开始的，即反思课堂情境中各种教学策略、技能与技术的有效性。如一节课选择了哪些教学方法，教学过程是否合理，是否达到了预期的目标，教学中还存在哪些问题，有哪些成功的经验和失败的教训等。例如，在讲授《春》一文时，教师可以先通过课堂激趣，让学生说出有关春的名句，使学生热血沸腾，跃跃欲试。在这种激情高昂的时刻，让学生用琅琅的书声敲开春天的大门，随之带领学生走进春天，去赏析本文的结构美—盼春、绘春、赞春；赏析本文的语言美—文中的比喻、拟人佳句；去和作者进行心灵沟通，领悟体验作者如何与自然、与生活对话，让学生在心灵沟通中进行阅读和写作实践，收到意想不到的效果。更高层次反思则是反思自己的教学是否体现了以人为本的理念，是否体现新课改的要求，是否努力改变学生的学习方式，是否充分利用了课程资源等。反思的目的在于发现问题，为课堂教学合理地进行教学决策和教学选择，优化课堂，从而提高语文课堂教学的效益。

语文课堂教学的高效性是语文教学的永恒话题，更是语文教学的生命。追求语文课堂的高效，是一种理想的境界，它的实现需要一个过程，它取决于教师自身教学艺术的发挥，也取决于教师对教学中情、理、趣的挖掘。只要我们能立足课堂，立足学生，不断学习、实践、反思，我们一定能拥有高效的语文课堂。

第五章　初中语文写作教学设计与实施

第一节　初中散文写作教学的设计与实施

散文是初中写作教学中的一个重点，教师要采取合理措施，激发学生的有效体验，促进散文写作教学效率的提高。

一、指导学生鉴赏散文，抓住文章中心

"只有保证学生能够更好地欣赏文章，形成良好的情感体验，领悟作品中的内涵，才能够获得对人生、社会和自然方面的启示，进而以更好的状态进行写作，使所学的知识得到有效运用。"① 因此，教师需要帮助学生把握文章的立意，使学生能够以多种途径和方法对散文主题进行探索。具体方法如下：

第一，从作品写作背景进行主题探索。了解作者是在怎样的社会环境、时代背景下，以怎样的心境完成散文写作的。想要掌握主题，就必须深入了解写作背景，了解作者的写作情感。

第二，从作品重点段落进行主题探索。在一篇散文作品中，大部分段落与主题都没有直接关系，甚至有些是出于结构方面的考虑。一篇散文的主题常常都会以某个或几个重点段落表现出来，是该篇散文中的"着力点"，是探索主题的重要方向。

第三，从作品总体倾向进行主题探索。有些学生探索主题都是在某个部分进行的，无法从作品总体倾向上进行考虑，这是学生必须克服的一大问题。与其他文学相比，散文都是以某些生动场面、事实片段和作品感怀表现主题的，从作品总体倾向上进行主题探索，是极为重要的。

---

① 马振敏. 初中散文写作教学的设计 [J]. 学周刊，2019 (13)：108.

二、厘清散文分类，科学选择教学方法

在开展散文创作教学之前，先要明确散文的分类，进而根据各类散文的特点进行精细化教学，从而提升初中散文创作教学的实效性。当前，散文主要可分为叙事散文、写景散文、抒情散文及哲理散文。针对不同类型的散文，应采取相应的教学策略，确保初中散文创作教学的顺利进行。例如，叙事散文以描绘人物和事件为主，通过叙述人物和事件的发展变迁，揭示相关事物的本质，包含人物、事件、时间及地点等核心要素。如《散步》即为一部优秀的叙事散文，在教学过程中，须引导学生关注散步、田野等关键词，深入剖析文章中的人物，悉心体会作者的情感表达，掌握叙事技巧，并将其运用到创作实践中，以提升学生的散文创作能力。

三、引导学生把握情感线索及语言特色

在进行初中散文写作教学的时候，教师要带领学生去体会散文中所蕴含的情感和思想，学习其中的写作技巧，使学生的散文写作素材更加丰富。例如，在进行《背影》这一课程的教学时，需要引导学生对文章中出现的四次背影进行分析，抓住其中的情感变化线索深刻理解文章中所展现的深厚父爱。同时，需要引导学生对文章进行阅读，品味文章中起到引领作用的句子、揭示主旨的句子、表达情感的句子、采用了修辞手法的句子等，并针对这些句子所产生的效果进行分析，使学生能够真正理解这些写作技巧。

四、坚持多读多悟，提高学生理解能力

鉴于学生对散文内涵的领悟能力相对薄弱，很难将散文写作技巧独立出来，并在实际写作中运用，这给散文写作教学带来了显著的挑战。为应对此问题，教师应主动引领学生深入阅读和感悟，持续增强学生的阅读和理解能力。通过多次阅读作品，进行深度学习，从而提升学生的学习成效。同时，教师须对学生进行科学的引导，使他们在阅读过程中能够提炼出优美词句，并将其内化为自身知识。此外，教师可组织学生开展小组交流活动，促进学生间的沟通与学习，使学生能够分享自己的写作方法，从而实现共同发展，为学生创造更为优良的散文写

作学习氛围。

五、课内、外结合，学会迁移散文写作

初中散文写作教学的主要任务就是提高学生的写作能力，使学生能够吸收文章中的写作技巧，并将其内化成自己的写作技巧，写出更加优秀的作品。例如，在进行《背影》这一课程的教学过程中，可以让学生对文章中的写作手法进行仔细分析，在描写细节的时候，将情感灌注于写作中，通过重点词句构建文章的脉络。在完成文章学习之后，可以让学生在脑海中思考父母对自己所做出的无私奉献，并选择一些记忆深刻的场景，模仿《背影》的写作手法进行散文写作。通过仿写活动实现散文写作技巧的迁移，使学生的写作能力得到有效提升。

综上所述，为提高初中散文写作教学的整体水平，教师就要坚持多读多悟，提高学生的理解能力，实现课内课外相结合，通过科学有效的教学方式使学生的写作能力得到提高，为学生的学习及发展奠定良好基础。

第二节　初中小说写作教学的设计与实施

在初中语文教学中，写作教学是其中的重要组成部分，而小说写作又是其中的难点之一。如何有效地进行初中小说写作教学，提高学生的写作水平和文学素养，是当前初中语文教学面临的重要问题。

一、初中小说写作教学的目标设计

初中小说写作教学的目标主要包括以下方面：第一，培养学生的阅读兴趣和阅读习惯，提高学生的文学素养和审美能力；第二，让学生了解小说这种文学形式的基本特点和写作技巧，掌握小说创作的基本要素；第三，通过写作实践，培养学生的创作思维和表达能力，提高学生的写作水平；第四，引导学生关注社会现实和人性问题，培养学生的社会责任感和人道主义情怀等。

二、初中小说写作教学的设计原则

为了实现上述教学目标，初中小说写作教学的设计应遵循以下原则：第一，

整体性原则：教学内容要与初中语文整体教学计划相协调，与其他语文教学模块相互补充；第二，循序渐进原则：教学内容要按照学生的认知规律和写作能力的发展规律，逐步提高难度和要求；第三，实践性原则：要注重学生的写作实践，让学生在实践中掌握写作技巧和提高写作水平；第四，个性化原则：要尊重学生的个性差异，针对不同学生的需求和特点，制订个性化的教学方案。

三、初中小说写作教学的实施策略

第一，激发兴趣，培养习惯。激发学生的写作兴趣是提高小说写作教学质量的关键。在教学过程中，教师可以选取一些优秀的小说作品供学生阅读、欣赏，引导学生感受小说的魅力和美感，从而激发学生对小说写作的兴趣。同时，要注重培养学生的阅读习惯，引导学生多读书、读好书，积累素材和语言。

第二，教授技巧，引导实践。在小说写作教学中，教师需要教授学生小说写作的基本技巧，如情节构思、人物塑造、环境描写等。可以通过课堂讲解、案例分析、学生示范等方式，让学生全面了解和掌握这些技巧。同时，要鼓励学生多进行写作实践，通过不断练习，提高学生的写作水平和创作能力。

第三，多元评价，促进发展。评价是写作教学中不可或缺的环节。可以采用多元评价方式，如教师评价、同学互评、学生自评等。评价内容应涵盖作品的思想性、艺术性、创新性等方面，同时要注重学生的个性发展。通过评价，让学生了解自己的优点和不足，从而更好地提高自己的写作水平。

第四，拓宽视野，丰富素材。小说创作需要丰富的素材和广阔的视野。在教学过程中，教师可以引导学生关注社会现实和人性问题，了解不同地域、不同文化背景下的文学作品和作家，从而拓宽学生的视野和思路。同时，要鼓励学生多观察、多体验生活，从生活中汲取灵感和素材，丰富自己的创作内容。

初中小说写作教学是提高学生文学素养和写作水平的重要途径。在教学过程中，教师应注重激发学生的兴趣、教授技巧、引导实践、多元评价和拓宽视野等方面，全面提高学生的写作能力和创作水平。同时，学生也要积极参与写作实践，不断反思和改进自己的作品，逐步提高自己的文学素养和审美能力。

第三节 初中说明文写作教学设计与实施

"说明文是一种以说明为主,主要用以解说事理或事物本质与特征的文章。"① 相较于其他类型的文章,说明文没有浓郁的内心情感、没有鲜活的人物形象、没有曲折的故事情节,语言较直白。所以,初中生对说明文写作普遍不感兴趣,这增加了教师的指导难度。初中说明文写作教学设计与实施策略具体如下:

一、加强对文体特点的指导

在初中说明文写作教学中,部分学生易于混淆文体,将其误以为是记叙文或议论文。为确保学生避免此类基本错误,教师的首要任务为引导学生掌握文体特点,使他们对说明文及其与其他文体的区别有明确认识,这是撰写优质说明文的前提与根基。教师可结合教材中的说明文,对学生进行详尽、细致的讲解,使他们深入理解说明文的内涵。让学生深刻领会说明文就是运用简洁明了的文字,阐释事物的功用、关系、成因、特征、性质、形状等,或阐述事物原则、原理、变化规律、发展过程、概貌等,以使人获取相关知识的一种特殊文体。为进一步强化学生的理解,教师还可组织他们对不同文体进行比较。

第一,侧重点不同。①记叙文:以情感人。②说明文:以知授人。③议论文:以理服人。记叙文主要是写事物发展变化以及人物的经历;说明文是为了解说实体事物,使人们对事物的功能、成因、种类、性质、构造等有一个清楚的认识;议论文又被称为说理文,主要通过摆事实、讲道理的方式发表意见、论述事理。

第二,写法不同。①记叙文:主要写事物发生的经过、时间、地点以及作者在这件事情中的感想、体会与顿悟,所以经常会运用修辞手法、借景抒情、托物言志等各种写作手法。②说明文:主要是为了将事物阐述清楚,所以写的时候比

---

① 牛登朝. 初中说明文写作教学的优化路径 [J]. 语文天地,2021 (4):37.

较有条理、有顺序，或是由局部到整体，或是由整体到局部。③议论文：议论文分成三个部分，分别是引论、本论和结论。引论部分提出论点，然后本论部分用数个事例去证明论点，结论部分则进行总结。

为了加深学生的印象，教师可以给学生举个例子："以桥为对象，如果要写关于桥的故事或者为了讲述桥的美丽风貌，则应该写成记叙文。如果是写关于桥的作用，例如给行人带来的便利，则可以写成议论文。如果为了讲述造桥的科学道理以及桥的特点，则应该写成说明文，可以使用列图表、列数字、做比较、打比方、举例子等说明方法进行说明，让人们能够了解桥的特点。"通过这样的比较让学生有一个直观的印象，使学生有效区别各种文体。

二、科学指导学生观察分析

在说明文写作中，观察与分析是十分关键的。因此，在教学工作中，教师应科学指导学生进行观察与分析，通过各种途径让学生接触实际，使学生对艺术的、社会的、自然的各种事物有确切的感受和深入的理解，对各类作品有正确的评价与欣赏能力。否则，即使初中生能够对物体、作品等进行说明，也很难针对作品形象蕴含的意义做出准确判断。教师可以从学生身边的事物着手，如文具盒、粉笔、桌子、黑板等，选择学生比较熟悉的说明对象，指导学生科学观察。

三、引导学生梳理分析框架

说明的对象是立体的、丰富的、形象的，必须遵循一定的顺序进行说明，否则写出来的文字就会杂乱无章。因此，在指导学生认真观察后，教师应该引导学生梳理分析的框架。一般而言，写说明文时，必须认真思考以上问题，即"说明什么""为什么说明"以及"怎样说明"，只有认真思考并解决以上问题，才能写出一篇合格的说明性作文。说明文与议论文写作以及文学写作不同。议论文写作之前不需要做很多准备，学生可以因事说理、有感而发；而文学写作之前也不需要做过多准备，学生可以天马行空地自由创作；但说明文不一样，学生必须做好资料收集、信息筛选等工作，成为一名"专家"，只有这样才能写好说明文。尤其是"为什么说明"这一问题，结合日常生活经验可以发现，做一段说明或者写一篇说明文，肯定是因为某些人有未明之事，有未知之事物，需要专业的人士进行解答。所以，说明文从某种程度上说是由回答者将确当信息传递给提问者，或者由已知者传递给未知者，由专业人士传递给非专业人士，从而满足后者的求知需求。基于此，在指导学生写说明文时，教师要让学生认真思考"为什么说明"这一问题，在这个基础上再去决定"怎样说明"。在这个基础上，教师再带领学生总结说明文的技巧：第一，把握说明中心，抓住事物特征；第二，对说明的顺序进行合理安排；第三，讲究语言运用，不宜表达个人情绪以及个性化看法等。

综上所述，说明文是一种特殊的文体，主要用以解说事物的用处、结构、性质、大小和形状等，只要掌握了技巧和方法，写好作文并不难。在教学过程中，教师应抓住说明文特点，科学指导学生观察和分析，引导学生梳理分析的框架，从而帮助学生更加准确地进行写作。

第四节 初中议论文写作教学设计与实施

"议论文是一种剖析事理、论述事理、发表意见、提出主张的文体，具有观点明确、论据充分、语言精练、论证合理、有严密的逻辑等特点，能够锻炼学生的思维能力、分析能力、表达能力等。"[①] 同时，议论文的结构往往比较规范，格式相对统一，结构十分严谨，对写作能力要求比较高，这也成为导致很多初中学生议论文学习兴趣不够、议论文写作困难重重的重要原因。因此，探索初中议论文写作教学设计与有效措施，成为当前许多一线语文教师亟待解决的难题。

一、运用课内外阅读材料，学习议论文写作知识

教师能够巧妙地运用课内外阅读材料，通过多样化的方法引导学生掌握议论文写作的相关知识和技巧，并通过写作实践将这些知识内化为自身能力。模仿是开启写作技巧大门的有效途径之一。在议论文阅读教学过程中，教师应指导学生深入剖析作者的结构布局、语言运用及个人风格等方面；学习举例论证、对比论

---

① 张丽曼. 初中议论文写作教学有效措施探索 [J]. 语文建设，2023 (3)：75.

证、比喻论证等表达手法；整理收录优秀的句子、段落和章节，以积累议论文写作的素材。从"形似"到"神似"，逐步引导学生探索并确立适合自己的写作风格，为议论文写作奠定坚实基础。

例如，在教学《我为什么而活着》一课时，教师可以组织学生开展辩论会，让学生思考古今中外的伟人以及自己活着的理由，各抒己见。学生通过辩论加深了对课文的理解，对作者的观点有了更清晰的认知，学会从不同角度去思考问题，同时也培养了语言表达能力和思维能力。再如，为引导学生直观、深入地学习议论文写作知识，教师可以选取社会热点、时政新闻等材料作为范例，如有关抗灾、抗疫英雄的报道，时事或热点事件评论等，让学生自主分析议论文写作思路、论证结构、语言特点等，为议论文写作做好知识储备。此外，为了激发学生的写作热情，教师可以在班级《学习园地》设置优秀习作展示，及时发布学生的优秀习作，让学生享受到写作的成就感，进而激发写作的积极性，增强写作的信心。

二、坚持以学生为本，加强议论文写作实践教学

要想真正提升学生的议论文写作水平，首先需要语文教师坚持以学生为主体，在议论文写作教学中重视引导学生进行自主思考，提炼写作技巧，总结写作要点等，积极进行写作实践。教师应该设法引导班级全体学生都积极进行议论文写作练习，而不能让课堂仅仅成为少数学生的课堂。其次需要加强议论文写作实践教学。写作实践是学生学以致用、培养写作能力、提升写作水平的有效途径，教师应该通过各种方式强化写作实践教学。需要说明的是，写作实践教学并非盲目地让学生开展大量议论文写作训练，而是将其与日常课堂教学有机融合。

例如，在教学《谈创造性思维》一课时，教师首先要引导学生厘清文章的论证思路，掌握文章的整体结构；其次分析文章的论证方法，明确该文运用了道理论证、举例论证等论证方法；最后品味文章的语言，掌握议论文的语言特点。学生把握好这三点之后，教师就可以进一步拓展学生的创造性思路，引导他们结合课文的学习进行写作练习，如要求学生反复阅读某一段，学习作者的论证方法或技巧，感受语言特点，并仿照该段进行重写或围绕该段扩写。

再如，在讲解议论文题目时，为学生提供多种不同文体的文章题目，让学生

对于文章题目有一定的识别能力，进而能够通过题目判断出文章体裁，增强文体意识，确保议论文写作不跑偏；在讲解议论文写作结构时，适当安排学生进行相应的写作训练，从而让学生有针对性地训练写作技巧，培养写作能力。

三、积累写作素材，以及时性评价促进写作教学

在议论文创作过程中，为确保观点的表达明晰，学生须依托丰富的论据，因此，积累充足的写作素材至关重要。若写作素材储备不足，学生在进行议论文创作时，往往会感到难以入手。阅读是丰富写作养分的重要方式之一。除了教材内的课文及推荐阅读书籍外，教师还可为学生提供经典文学作品的必读书目，鼓励他们通过阅读来积累写作素材。同时，引导学生赏析议论文的语言与表达技巧，鼓励他们在摘录和评论时记录下自己的想法与收获。如经典作品选集便颇值得学生阅读，其中包含了作者对生活的感悟与体验，观点深刻且新颖，不仅有助于学生积累议论文写作素材，还能拓宽他们的视野，提升思维能力。在课堂上，对学生的习作进行多样化的及时评价，有助于激发他们的写作兴趣，提高议论文写作技能。因此，教师应合理安排学生进行议论文写作实践，并适时给予评价。

第一，在评估学生的作文时，教师应发掘其作品中的优点并给予肯定，以增强学生的成就感，激发他们的写作积极性。针对作品中存在的问题，教师应及时指出并给予具有针对性和启发性的指导。此外，教师还可引导学生通过调整文章标题、设置悬念、添加过渡句以及重视文章结尾等方式，深化论点，提升文章主题。

第二，针对学生在写作过程中普遍存在的不足，教师应提供相应的改进方法。教师可以提炼出学生作品中具有代表性的共性问题，引导学生自我总结和反思，并通过师生交流，促使学生对作品进行修改完善。同时，教师也可引导学生相互评价，通过阅读他人的作品，反思自身，取长补短。在此过程中，学生对议论文写作有了更为清晰的认识，为今后的写作奠定了良好基础。

为了进一步提高议论文写作教学的效果，教师应积极创新教学方法，丰富教学内容，切实实现议论文教学思路的转变。教师应认真筛选阅读材料，引导学生进行素材积累，拓宽阅读范围，以便学生"有话可写"。通过评价，促进学生对议论文写作知识的深入理解，激发其写作积极性。同时，教师应充分发挥学生的主体地位，注重开展议论文写作实践，使学生能够学以致用。

第五节　初中普通记叙文写作教学设计与实施

记叙文写作教学是指在语文教学中，以教师作为"教"的主体，以学生作为"学"的主体，以学生所听、所见、所闻、所感等为主要内容，通过资料搜集、写作实践、反馈评价、反复修改等一系列活动，提高学生记叙文写作能力的一种教学活动。记叙文写作教学要求教师根据具体的教学情况，采用灵活多样的教学方式，调动学生参与记叙文写作的积极性，以期提高学生思维加工能力、语言表达能力和写作欣赏能力。语文教育的宗旨在于培养学生听、说、读、写的能力，以满足学生终身学习的需要，满足学生综合发展的需求。记叙文写作作为一种运用国家语言文字表情达意的重要活动，在初中语文教学实践中有着十分重要的地位和作用。记叙文写作能够让学生在语文实践活动中积累运用语言文字的经验，培养规范运用语言文字的意识，从而促进学生语文核心素养的发展与提升。初中普通记叙文写作教学设计与实施的优化策略具体如下：

一、设计科学合理的写作教学规划

教师在新学期开始之初，就应该对整个学期的记叙文写作教学进行系统安排，只有对整个学期的教学进行"宏观"把控，才能让每一阶段的教学开展起来游刃有余。学期教学规划，最重要的就是分配教学课时，我们知道语文教学内容包括阅读、写作、综合性实践活动等多个方面，课时的系统分配，能够让教师在开展记叙文写作教学的时候，做到循序渐进和统筹规划。合理安排记叙文写作教学时间，适当增加记叙文写作教学课程，是提高记叙文写作教学效果的关键。

一堂完整的记叙文写作课程，应该包括命题、准备、写作、评改四个环节。在命题阶段，教师需要引导本堂课的写作内容，确定是写人还是记事，是写景还是状物，写作的主题应该密切联系学生的实际生活，使主题满足学生的表达需求，激发学生的写作欲望。在准备阶段，教师要引导学生进行立意、选材和构思，立意要注重坚持正确的思想品德方向，选材要注重材料的积累、分析与比较，构思要注重腹稿的安排和提纲的表达。在写作阶段，教师要把思考推敲时间留给学生，为学生提供充足的创作空间，让学生体验创作的快乐。在评改阶段，教师要明确作文修改是提升作文质量的捷径，是作文教学必不可少的一个环节，教师要采用多种评改方式，让学生不仅能够"知其然"，还能够"知其所以然"。

二、运用形式多样的写作教学方法

（一）情境式教学法

记叙文的核心在于传达个人经历与感悟，其特点在于翔实且生动地描绘时间、地点、人物以及事情的起因、过程与结果。因此，在记叙文写作教学中，创设情境显得尤为重要。情境教学法是一种教学方式，它从情感与环境的角度出发，为学生营造特定场景，激发学生热情，以提升学习效果。实施情境教学法要求教师为学生构建生活化的情境，激发学生写作欲望，使其产生表达的冲动。例如，在"热爱生活，热爱写作"的写作专题中，针对秋季景物的描绘，教师可以引导学生走出课堂，置身于秋意盎然的校园，让学生在亲身体验和实地观察的基础上，表达内心的感受和体验。

（二）发现式教学法

语文教师作为记叙文写作教学的引导者，最重要的就是把"发现真理"的课堂还给学生，让学生成为写作活动的主导者。发现式教学法强调教师为学生创造探索发现的外部条件，调动学生的好奇心，让学生自己去发现"真理"。一方面，教师可以为学生提供一定的优质记叙文，让学生自主阅读，在教师没有提示的情况下，由学生发现其优点与不足。最后教师进行总结点评，并鼓励学生按照自己的发现进行写作构思。另一方面，教师可以为学生提供图片资料等写作素材，让学生仔细观察相关内容，完成记叙文写作任务。发现式教学法的使用，意在激发学生思考和写作的积极性和主动性，鼓励学生自我探究材料的热情，激发学生对记叙文写作的兴趣。

（三）合作式教学法

记叙文创作尽管是一项个性化的活动，但通过同学间的广泛协作与研讨，仍能拓宽思维，汇聚众智。以"如何撰写优秀的记叙文开篇"为例，教师应为学生明确各类开篇方式，如直截了当、悬念设定等，并引导学生围绕这些主题展开合作讨论，探讨适用场景及实施策略等。在此过程中，学生间的思想碰撞激发创作灵感，加深对写作的认识和感悟。通过运用合作教学法，原本静态的讲授课堂转变为动态的学生协作学习过程，有助于提升学生的写作技能和综合素质。

三、开展丰富多彩的写作教学活动

（一）走进生活，培养写作兴趣

生活是写作的重要来源，从生活中挖掘写作素材，才能激发写作的灵感，才能开启写作的源泉。学生在写记叙文的时候，总是想模仿别人的内容或借鉴他人的事件，因此写出的文章往往缺乏细节，难以打动人心。教师在记叙文写作教学中，要善于让学生基于课堂而走出课堂，进入丰富多彩的实践活动中，做一个生活中的有心人，观察生活中优美的景色和风俗人情。开展社会性的实践活动，教师要根据学校的实际情况，带领学生参观游览一些名胜古迹，或者让学生深入校园生活"就近取材"，增加学生的见闻，拓展学生的眼界，让学生在体验游览中产生写作的欲望，增加写作的兴趣。

（二）以读促写，培养写作习惯

为了提升学生的写作能力，教师首先须关注阅读能力的培养。在教学过程中，教师不仅要引导学生精通教材中的篇章，还应扩展他们的阅读范围，鼓励他们阅读感兴趣的书籍，并大量阅读名家经典。在阅读过程中，学生应学会边阅读、边写作、边思考，善于在阅读中积累优质词汇和语句，并坚持养成记笔记的良好习惯。在阅读课堂上，教师须引导学生领会课文情感表达的方式、学习作品阐述道理的方法，并促使他们将所学应用于自身的写作中。教师还应鼓励学生记录生活中的点滴小事以及在学校和家庭中的所见所闻，并恰当运用"时尚新词"。在网络信息时代背景下，"逆行者""光盘行动"等词汇广泛流行，若教师能正确引导学生在写作中恰当地运用这些词汇，将使文章更具时代感。

四、完善实施多元的写作教学评价

（一）坚持以正面评价为主

　　一篇文章的完成，往往花费了学生许多心血，教师在评改时，除了要指出学生在写作上的不足之外，更要发现学生文章中的亮点，对学生给予一定的认可，让学生在心灵上获得成就感和满足感。鼓励性的评价、正面性的评价在学生记叙文写作的评改中有着重要作用，教师善于欣赏学生、善于肯定学生是提高学生写作动力的重要源泉，是增强学生写作兴趣的重要因素。教师正面的评价应该涉及文章的各个方面，包括记叙文的基本格式、人物形象的具体描绘、事件情景的细致阐述等，教师从多角度的正面评价能够让学生增强写作的信心，获得精神上的鼓励。

（二）坚持评价主体的多元性

　　作文评估在记叙文创作教学过程中具有举足轻重的地位。为实现评估的科学性与合理性，我们须秉持评估主体的多样性，包括教师、家长和学生共同参与，以期实现作文评估结果的客观性与公正性。一方面，作文评估并非教师单方面的职责，作为记叙文创作的主体，学生应积极参与其中。另一方面，家长对学生的作文进行评估，是强化学生与家长联系的有力途径。为确保评估效果，家长须明确评估目标和要求，但须强调的是，家长参与记叙文创作的评估应基于自愿，而非强制性要求。

（三）坚持评价手段的多样化

　　网络时代的发展，逐步丰富了我们的评价手段，使作文的评改方式也跳出了书面和口头的形式。在记叙文写作教学的评价环节，教师可以用多媒体为学生展示部分佳作，让学生在直观有趣、畅所欲言的氛围中和老师共同完成评价任务。语文教师还要定期在班内举行征文大赛，将优秀的记叙文展示在班级的"习作展示栏"中，让学生相互观摩、交流、评价。

　　初中语文教学中的写作教学板块，对于整体教学质量具有重大影响。其中，记叙文写作作为学生在初中阶段必须熟练掌握的基础技能，是提升学生语文核心素养的关键环节。在开展初中语文记叙文写作教学时，教师应通过多样化的写作教学活动，悉心培养学生的记叙文写作能力，以增强学生运用国家语言文字的素养。鉴于记叙文写作能力对于初中学生的重要性，教师须运用丰富多样的教学手段、生动活泼的教学活动以及公正合理的教学评价，激发学生对记叙文写作的兴趣，从而提升学生的语文核心素养。

第六章　初中语文写作技法的创新实践

第一节　初中语文写作的遣词技法与实践

"词作为语言结构中最活跃的细胞，对写作具有重要的影响。学生作文质量高低和学生的词语掌握数量成正比。言语技能中相当大的比重是词汇量，而现行教材的以文选式编排，随机择词积累，缺少规范性、系统性和强制力。"①

一、避免在写作时用词错误

常见的用词错误主要可分为两大类：一类是与词的形态相关的错误；另一类是与词义理解相关的错误。前者主要属于词汇学范畴的用词错误，后者则属于语法学领域的词法错误。下面分别做具体的分析：

（一）与词的形态相关的错误

语言中的词语，在特定的时期内约定俗成，往往具有相对稳定的形态。随意破坏这种稳定性，往往容易导致用词错误，而究其根本原因，则在于对词的特征和规律缺乏应有的了解和认识。这主要有以下情况：

1. 用语素代替词

语素是现代汉语中多音节合成词的构成元素。它们在单音节词占据多数的古代汉语中，大多原本是独立的词，有一些直至今天，也还可以单独成句。但另有一些，已经失去了独立运用的功能，成为单纯的语素，如果还当作独立词使用，就不合现代语言的规范。例如："临"，本义是俯视，《诗经》中的"如临深渊"、《庄子》中的"临百仞之渊"，都是这个意思。从俯视又引申出照临、上对下、

---

①郑向华. 初中语文写作技法与作文训练［M］. 长春：吉林人民出版社，2020：16.

遇见、碰到等义。在现代汉语中，"临"的这些意义虽然基本保留下来，但其语言性质已演变为语素，一般不再单独使用。因此，来临、光临、降临、亲临这类词语都不能仅用一个"临"来代替。又如，"我们从飞机上瞰黄河和长江"，用已成语素的"瞰"来代替"鸟瞰"或"俯瞰"的词义，也是犯了类似的错误。

2. 颠倒语素结构

作为定型单位的词，其语素排列次序是相对固定的，若非出于修辞等活用语言的目的，不能任意颠倒。因此，把"身心健康"说成"心身健康"，把"平坦大道"说成"坦平大道"，把"一五一十"说成"一十一五"等，都不符合用词规范。

3. 生造相关词语

在语言的发展中，旧词的逐渐消亡和新词的不断出现，都是历史的必然。但新词的产生必须符合约定俗成的法则，必须得到全社会的认可，倘若仅仅出自个人意愿，就属臆造、生造，会破坏语言的纯洁和健康。例如："既然我花了钱，就得买中意的货品。"其中的"货品"，可能是"货物"和"产品"的任意缩减，无疑是生造。这类生造的词语，因为没有得到公认的明确意义，时常让人难以索解。此外，汉语中的成语都是凝固的形态，随意改换其中的用字或用语，也是一种生造。例如，将"七上八下"改为"七下八上"，将"惨无人道"改为"残无人道"等。

4. 随意割裂词形

汉语中的合成词往往有相对固定的结构形式，其间不能随意插入其他成分，否则便会导致词形割裂。例如："端正"是合成词，"态度不端正"就不能说成"态度端不正"；"教育"是合成词，没有取得理想的教育效果就不能说成"教而不育"；"决议"是合成词，决议通过就不能说成"决了个议"。成语的性质相仿，"粗心大意"不能说成"既粗心又大意"，"唯命是从"不能说成"唯你命而是从"，等等。

（二）与词义理解相关的错误

与词义理解相关错误的产生，往往是因为词义理解不准确造成的。例如：

"这件事发生在十多年前，许多细节已经含糊不清了。"这里的"含糊"显然应当改用"模糊"，因为所谓"含糊"的事物原本就不清晰，"模糊"才是指原本清晰的事物，由于某种原因而变得不清晰了。

对词义的理解不准确，表面上的问题症结，通常集中在同义词、反义词的词义把握不准确，而其根本原因，则涉及对词的理性意义和色彩意义的认识及理解问题。相关问题我们已在"关于词的知识"文里谈过，这里就不赘述。属于语法范畴内的词法错误，虽然也会表现为词义的不妥，但这主要是由于对词的语法分类、性质、功能认识不清或使用不当造成的。这类词法错误主要又可分为以下类别：

1. 名词、动词、形容词的使用不当

名词、动词和形容词虽然同属实词，但分属三类，词性与语法功能均不相同。概括而言，名词指称人、事物等，通常不做谓语（名词谓语句除外），不带宾语，不受副词"不""很"等修饰，也不能做状语和补语；动词表示动作、行为、存在、变化、意愿等，形容词表示性质或状态等，它们虽然都能充当谓语，虽然大多都受否定副词"不"的修饰，但动词除表示意愿的（如想、喜欢、愿意、爱、恨等）外，一般不受程度副词"很"修饰，而大多数形容词则不受这个限制。此外，形容词与动词中的不及物动词都不能带宾语。在语言使用中，如果不能认清它们的词性和语法功能，就很容易出错。如：

例1：他们种植的大白菜每亩收成了15 000斤。

例2：他非常喜悦同学们这种热爱科学的精神。

例3：他散布种种捏造，试图把水搅混。

例4：上海是一座不夜城，入夜，满天繁星相映万顷灯海。

例5：他不但对文学艺术感兴趣，而且对自然科学也很钻研。

例6：水、电、煤、程控电话一应俱全，学校、医院等多功能配套。

例7：这些问题难道还不值得领导的重视吗？

例1中的"收成"是名词，不能带宾语，可以改用动词"收"；例2中的"喜悦"是形容词，也不能带宾语，可改为"赞赏"；例3中的量词"种种"，后面要求名词性词语与之搭配，但"捏造"却是动词，可改为"谣言"；例4中的"相映"是不及物动词，不能带宾语，可将此句改为"满天的繁星与万顷灯海交相辉映";例5中"钻研"不是表示意愿的动词,因此不能受副词"很"的修饰,此句可改为"而且对自然科学也很有研究";例6中的"多功能"是形容词性,在这里却误作名词使用,应改为"多种设施";例7中"值得"后面所带的宾语要求是动词性词语或主谓短语充当,如"值得研究""值得一看""值得大家注意"等,但这里"领导的重视"却是名词性词组,应当去掉,使之成为主谓结构。

2. 代词的指代不明

代词是指代人、事、物的词,因此指代对象必须明确,造成指代不明的原因主要有两个:一是在代词之前没有出现应有的前词语(即被指代者),致使指代对象含混不清。例如:"一天,她在火车站里被沙皇的暗探发现了,母亲在被捕之前迅速打开皮箱,把所有传单散发给大家。"从前后文看,"她"指代的就是"母亲",但由于"母亲"没有出现在前,倒好像"她"所指是另一个人。应当将"母亲"放在前句,后句用"她"来指代。二是前词不止一个,但却使用相同的代词来分别指代不同对象,令人难以分辨。例如:"梅厂长不知道怎样答复好,他①不敢让韩云程发言,万一他②说出原棉的秘密,那不是全被揭穿了吗?徐总经理看出他③难于应付,他④知道他⑤被于静将了军,这时候除了冒险没有第二个办法了。"句中的五个"他",分别指三个人,某个"他"究竟指谁,很费思量。造成这种状况,正因为同一个代词的前词却不止一个,我们可稍加分析:"他①"的前词只有一个,当然是指"梅厂长";"他②"和"他③"的前词变成"梅厂长"和"韩云程"两个,所指就不甚清楚了;到了"他④"和"他⑤",前词又增加了"徐总经理",所指更不清晰了。修改的办法,可以删去"他②"和"他④",将"他③"改为"梅厂长",这样"他⑤"的前词实际又只剩下"梅厂长",所指就清楚了。

此外,错用代词造成指代不明,也应引起注意。例如:"他""她"混用;该用单数的用了复数,或者相反。

3. 数量的表达混乱

数量表达混乱主要有以下三种情况:

(1) 当数量减少,运用倍数表示法。倍数表示法只能用于数量的增加。例如

"今年本市交通事故只发生了 57 起,比去年同期减少了将近一倍","一倍"应改为"一半"。又如"用机器加工文献,大概比人工翻译便宜五倍",根据文义,应改为"费用只是人工翻译的六分之一"。

(2)表示数量增减时,没有用原来的数目为基数,造成表达混乱。例如:"过去粮食亩产只有两百斤,现在亩产达到千斤,提高了五倍。""提高了五倍"应当是提高了一千斤,其实却是"亩产达到千斤",只比"两百斤"增加了四倍,可见句中数量的表达没有以原来的数目为基数。我们应当注意,凡在"增加""增长""提高""上升"之类的动词后加"了"来表示数量,后面的数目只指净增数,不包括底数;如果是加"到""为"这类词来表示数量,后面的数目就包括底数。下面这个例子就是弄混了:"今年蚌埠站已提前 140 天完成了全年集装箱运输 2 万吨的计划,与去年相比,提高到 50%。"2 万吨的 50%是 1 万吨,如果只达到这个数目那只是计划的一半,因此"到"应改为"了"。

(3)概数表达矛盾或重复。例如:"参加今天会议的人员有近一千人左右。""近"是接近,表示不到一千人,而"左右"则表示可能不到此数,也可能超出。前后表达矛盾,应当二选其一。例如"他大约五十岁上下","大约"和"上下"重复,择其一即可。

4. 介词的误用

作为虚词,介词在句中不能单独充当语言成分,必须与其他词或短语组成介宾结构。介词的数量不少,词性和用法常有不同,经常用错的有以下方面:

(1)"把"和"被"。"把"字的宾语为受事者,主语为施事者,形成的句式为主动句。反之,"被"字则构成被动句。如:"大水淹没了庄稼。"此句阐述了谁与谁之间的关系:大水和庄稼;以及谁将谁如何:大水将庄稼淹没。又如:"姐姐送给我一件有意义的礼物。"该句描述了谁与谁之间的关系:姐姐、我、礼物。动作词为"送给"。进而,谁将何物送给谁:姐姐将礼物送给我。何等礼物:一件有意义的礼物。完整表述为:姐姐将一件有意义的礼物送给我。再者,何物被谁送给谁:礼物被姐姐送给我。何等礼物:一件有意义的礼物。完整表述:一件有意义的礼物被姐姐送给我。值得注意的是,"把"的基本特点是表示对宾语的处置,既然是处置,就应有处置的结果。因此,"把"后所出现的动词应为及物动词;同时,为展现处置结果,还要有相关成分,而不能仅限于简单的动词。

以下用法不符合"把"的特性，故不正确："终于把这样一个重病人清醒过来了""我们要认真研究，把问题解决"。前句中的"清醒"为不及物动词，应改为"抢救"；后句的动词无处置结果，应在"解决"后加"好"，或在"解决"前增加"彻底"。

（2）"对"和"对于"。"对"和"对于"在许多场合可以通用，但"对"的适用范围更广泛，一般而言，能用"对于"的地方大多也能用"对"，而能用"对"的地方却不一定都能使用"对于"。例如：在表示"向"的意思或人与人的对待关系时，就是能用"对"却不能用"对于"。例如，"她对着我笑""我们应对人民负责"。此外，常见的错误主要是谁对谁的主客体关系颠倒。例如，"吃馒头对他不感兴趣""社会主义市场经济对于不少中国人都还不太熟悉"。前句的主体应当是"他"，后句的主体应当是"不少中国人"，现在全弄颠倒了。如果想要保留原有的句子形式，就应用"对（对于）……来说"的格式。如，前句可改为："吃馒头对他来说不感兴趣。"

（3）"除"的用法。"除"与"除了""除去""除开"等相同，引出排除的对象，后面常用"外""之外""以外"等与之配合。使用"除……外"的格式必须注意的是，当这个格式中是动词性成分时，后面再出现的动词必须与它同属一个主语，不能中途易辙。下面的例句不符合这个要求，因此都是病句："李大爷在集上除了抱了个小猪崽外，李大娘还买了四对小鸭儿""王老师除了在本校上课外，外校也经常请他去上课"。修改的方法就是让主语统一起来，例如前句的后半句可改为"还让李大娘买了四对小鸭儿"；后句的后半句可改为"也经常到外校上课"。在这样的格式中，如果前后句要出现不同的施事者，就应把前句的主语放在"除"之后一块儿排除。例如，前句可改为："在集上，除了李大爷抱了个小猪崽外，李大娘还买了四对小鸭儿。"

5. 连词的误用

不同的连词可以分别连接词短语或句子，连接方式又可分为表示联合关系和表示主从关系两类，使用时不加分辨，就容易出错。常见的连词误用情况具体如下：

（1）"和""及""以及"

"和"作为连词和介词，在连接词或短语时，与"及"和"以及"具有相似性，然而它们之间的用法存在差异。在"和"的用法中，其连接的词项数量不限，且不受限制。然而，当它连接动词或形容词性成分时，通常不单独充当谓语，否则会导致语病。例如，"他聪明和能干"应改为"他聪明且能干"，"他经常吃和喝"可改为"他经常又吃又喝"。

"及"主要连接两项以上的名词性成分，且成分间存在主从关系。如"本店经销收音机、电视机、收录机及各种电子零件"，"各种电子零件"即为次要成分。当"及"用于连接两项时，其后必须搭配"其"或"其他"，如"美国及其盟国"和"中国及其他发展中国家"。需要注意的是，在这些句子中，"其"实质上是代词，指代"及"前的先导词语，"其"后连接的词语与前词具有某种从属关系。因此，当前词不止一个，且仅存在主从关系，不具备从属关系时，应使用"及"，而不能使用"及其"。例如："参加这次大会的有各厂矿、部队、学校及其商业部门的代表。""商业部门"显然不从属于前面提到的那些单位，因此这里应当用"及"。

此外，"其"或"其他"之后的词或短语在意念上必须是复数，不能仅为单一事物。如此，"及"所连接的实质上也就不止两项。例如，"盟国"和"发展中国家"所指均非一国，若换成某个具体的国家名，词句将不通。而"以及"连接的几项通常存在主从关系，但它可以仅连接两项，也可以连接动词性成分。例如："细软虽然已经带在皮包里以及寄到教堂里去了，但是留下的东西毕竟还不少。"这里的"以及"不能用"及"代替。

（2）"以至"和"以致"。"以至"表示由小到大、由少到多等递进关系，意思相当于"直到""甚至"；"以致"用在因果复句的开头，表示下文所说是上述原因造成的结果，意思相当于"致使""弄得"。二者的区别是明显的，但使用中却常出现不加分辨、以此代彼的毛病。例如，"他只听了一面之词，以至没有解决好两家的纠纷""搞城市建设不能只看眼前，要考虑到明年、后年，以致十年、二十年"。显然，前句中当用"以致"，后句中当用"以至"。

（3）"从而"和"进而"。"从而"表示引出某种结果，"进而"表示在前面的基础上，再采取进一步的行动，常见的错误是二者混淆。例如："铁道部决定，先评选出各局、厂的先进集体和先进个人，从而评选出部的先进代表。""大家从团结的愿望出发，通过批评与自我批评，消除了多年来的隔阂，进而达到了新的团结。"显然，前句是进一步的关系，当用"进而"；后句是由某种行动引出某种结果，当用"从而"。

（4）"而且""况且""何况"。这三个连词都表示递进关系，但意义和用法有所不同。"而且"表示一般的递进关系，"况且"表示进一步申述或追加理由，所以下面两句中的用词不能相互替代："读书是学习，使用也是学习，而且是更重要的学习""仇人相见，本来是分外眼红，况且是狭路相逢"。"何况"的用法有时近乎"况且"，但它所独有的两相比较、更进一层的意义，是"而且"和"况且"都不具备的。例如，"这件事连小孩子都知道，何况我呢!""他铅笔都不会使，更何况毛笔!"这两句的"何况"，都不能用"而且"或"况且"代替。

6. 副词、助词的误用

副词的主要语法功能是修饰动词或形容词性词语，在句子中充当状语。在使用过程中，存在一些常见的错误。一是将副词误用作其他词性，如"处理问题要赶紧，不能一拖再拖"。在此句中，"赶紧"作为情态副词，被错误地当作动词使用并单独充当谓语，应将其改为"抓紧"。例如："他是一个秉公职守的人，从不利用手中的权力以权谋私。""秉公"是副词，不能修饰名词"职守"，解决方法可以是将"职守"改为动词性词语，如"执法""办事"等，或者将"秉公"换成一个可以与"职守"搭配的动词，如"忠于"等。二是对副词的意义或用法理解不清，导致用词错误。如："报告一结束，大家一起鼓起掌来。""一起"表示在空间上合在一处或在同一地点发生的许多事，此处却表示在同一时间发生的事，因此应将其改为"一齐"。例如："明天这个时候，他大概曾经去过了。""曾经"和"已经"虽然都表示过去时，但"曾经"只能用于过去，而"已经"还可用于对未来的推测，因此句中的"曾经"应改为"已经"。

助词的语法特征主要是附着在其他词和短语上，表示一定的附加意义，又有结构助词（的、地、得）、时态助词（着、了、过）、比况助词（似的）和其他助词等类别，使用时应仔细分辨。其他助词中，"所"的用法经常出错。"所"的用法来源于古代汉语，经常放在及物动词之前，共同构成名词性的结构，这时"所"就具有一定的宾语意味，如"所见所闻"，指看到和听到的东西；需要的时候，"所"组成的结构还可以放在其他名词前，充当定语，如"我所知道的事实"。下面的例句就用错了："我们俩所熟悉的时间不短了""我们所服务的对象是广大的人民群众"。"熟悉"是形容词、"服务"是不及物动词，都不能与"所"搭配，都应删去。总之，属于语法范畴内的词语使用错误还有不少。对于某一类词而言，我们只有既掌握它们在词性、用法方面的共性，又能分辨其中每一个词特异的个性，才有可能杜绝使用中的错误。

二、在写作时要用词精准，避免歧义

学会用词正确、恰当，把想要表达的思想感情充分地表达出来。古人写文作诗非常讲究"炼字"，也就是注重对词语的比较、选择、推敲。例如，"春风又绿江南岸"中的"绿"字，"墙角数枝梅，凌寒独自开"中的"数"字，"僧敲月下门"中的"敲"字，"红杏枝头春意闹"中的"闹"字，等等，已经成为文坛佳话。古人这种追求用词准确、传神的写作态度，值得我们学习和借鉴。

(一) 用词的精准化

1. 用词要与表达的目的和主旨相吻合

用词在语文写作中非常重要，它不仅影响文章的质量，还会影响读者对文章的理解和感受。为了使写作用词与表达的目的和主旨相吻合，可以考虑以下方面：

（1）明确目的和主旨。在写作之前，要明确文章的目的和主旨。这是选择合适词汇的基础，只有明确了文章要传达的信息，才能选择最能表达这些信息的词语。

（2）准确用词。尽量选择能够准确表达意思的词汇。避免使用含糊不清或者容易产生歧义的词语。对于一些一词多义的词语，要根据上下文选择最合适的意义。

（3）注意用词的生动性和形象性。在保证准确性的同时，也要注重用词的生动性和形象性。通过使用具有描绘性的词语，可以让文章更具有感染力和吸引力。

（4）考虑读者的背景。考虑到读者的背景和阅读习惯，选择适合他们的词汇。如果读者主要是年轻人，可以选择一些更具有时代特色的词汇；如果读者主要是专家学者，可以选择一些专业术语。

（5）反复修改和锤炼。写作是一个反复修改和锤炼的过程。在完成初稿后，要反复阅读并进行修改，去掉多余的词汇，替换不够准确的词汇，使整个文章更加精练和有力。

总而言之，写作用词要与表达的目的和主旨相吻合，这需要作者在写作过程中不断推敲和调整。通过不断练习和积累经验，可以提高自己的写作水平，更好地传达文章的信息和意义。

2. 遣词需要寄寓别出心裁的情思

有时候一个字往往会使一首诗的意境产生奇妙的变化。如：王安石的"春风又绿江南岸"的"绿"字多么神奇。晚清沈葆桢写过一首《咏月诗》，其中两句是："一钩已足明天下，何必清辉满十分。"沈葆桢的舅舅林则徐品咂觉得诗的意境受到了局限，显得美中不足。于是将"何必"改为"何况"，结果诗境顿显开阔，意味也更深长。为什么呢？"何必"是反问的语气，表示不必；"何况"是用反问的语气，表示更进一层的意思。从中可见用词的精确、妥帖。

诗歌写作如此，文章写作也是如此。例如，杨绛的《老王》中的一句："有一天，我在家听到打门，开门看见老王直僵僵地镶嵌在门框里。""镶嵌"一词以夸张的手法，强调了老王的步履维艰、身体僵直的形态，暗示老王的生计越来越难，身体处在即将崩溃的边缘，流露出作者的同情和悲伤。这个词用得极为精妙，寄寓着作家别样的情思。

用词要精确妥帖绝非易事，需要付出艰苦的思考。首先要有丰富的词汇量，没有一定的词汇积累，就会"捉襟见肘"。其次是定点思考，通过比较，结合自己的独到体验，确定既能够牵动作品全体，又能充分诱发自己审美潜力的"点"来思考用词。最后，定点思考用词，需要凝思，运用想象和联想，将这个寄托自己情思的词语挖出来。

（二）用词的个性化

古人讲究"春秋笔法"，要求用词"微而显""文见于此，而其义在彼"。语句要简洁而精练，言辞在这一层，要表达的意思在另一层，而且人见人知。《为了忘却的记念》中描写烈士冯铿，"她的体质是弱的，也并不美丽"。表面上是否定她，其实是反衬她意志坚强、品格高尚。

现代人继承汉语表达的优秀传统，讲究"词不离句，句不离篇"。贾平凹的《商州又录》中有这样的描写："气球大的一个土葫芦，团结了一群细腰黄蜂。""团结"一词极具匠心。本来不能这样用，但作者改变词语的指代对象借此表现黄蜂聚集成球形的状态，既写其形，又寓其趣。

1. 个性化名词

用好名词的关键，就是避免使用概括性的、泛指的"大名词"，尽量用表示具体事物名称的"小名词"。例如，"山上开着花"和"山上开着打碗花"，"爸爸给我送来了衣服"和"爸爸给我送来了花夹袄"，给人的感受是不同的。用好"小名词"，可显示人生活积累和人生阅历的丰厚，增加文章的底蕴。

鲁迅的《从百草园到三味书屋》中有许多"小名词"：装鸟的袋子叫"叉袋"，三味书屋的门叫"竹门"，画画的纸叫"荆川纸"。作者写百草园用了14个表示具体动物和植物的名词。这些名词生动地表现了百草园里生机勃勃的景象，表现了作者对这个庭院的熟悉和喜爱。如果没有这么多具体的"小名词"，这些表达效果就出不来。

2. 个性化动词

个性化运用动词，往往讲究情态的描摹，讲究修辞的配合，讲究连续使用和不重复使用。"我愈不耐烦了，努着嘴走远。"（鲁迅《孔乙己》）先写"不耐烦"，这是空泛地写，再写"努着嘴走远"，这是对"不耐烦"这情态的描摹充实，使空泛的内容变得具体了。"努着嘴"又是修饰"走"的情态，十分传神逼真。"天边远处仿佛有一片紫色的阴影从海里钻出来。"（莫泊桑《我的叔叔于勒》）"钻出来"表明一种不祥的预兆出人意料地出现，描摹出一家人沮丧不安的情态。

"我有时把手放在胸膛上，知道我的心是跳跃的，我的心还在喷涌着热血吧，因为我常常感到它在泛滥着一种热情。……在那田垄里埋葬过我的欢笑，在那稻颗上我捉过蚱蜢，在那沉重的镐头上留着我的手印。"（端木蕻良《土地的誓言》）"泛滥"原意是"江河水溢出，淹没土地"，又引申为"思想、事物到处扩散"，表现作者激愤狂放的心情。"埋葬"运用拟人手法，表现出一层沉重的感觉和悲愤的心绪。

3. 个性化形容词

形容词往往表现事物的色彩、质感、形态等特征。个性化的形容词讲究将人的情感移植到所描写的事物中,讲究将各种感觉错位地呈现给读者,让事物产生情感和温度。"一大早,天就阴沉下来。天黑,河水也黑,芦苇荡成了一片黑海。杜小康甚至觉得风也是黑的。"(曹文轩《孤独之旅》)这里有三个句子,前两个句子写天阴了,天黑了,是写眼前所见。后句写主人公杜小康对这种变化的印象,是心里所感。"觉得风也是黑的",这几个字把无形的"风"形象化了,生动地表现了天的阴暗和人物内心的紧张。"还有寂寞的瓦片风筝,没有风轮,又放得很低,伶仃地显出憔悴可怜的模样。"(鲁迅《风筝》)这里的寂寞是指人的寂寞。这里修饰瓦片风筝,其实是移情于物,表达弟弟没有风筝放的寂寞心情。

4. 个性化量词

个性化的量词讲究修辞的渲染,讲究意外的勾连和特征的凸显。"湖上影子,惟长堤一痕、湖心亭一点、与余舟一芥、舟中人两三粒而已。"(张岱《湖心亭看雪》)"一痕""一点""一芥""两三粒"这一组合勾连,出人意料。作者运用白描手法,将天长地远的壮美境界、万籁无声的寂静气氛、渺茫无着的人生况味,全都传达了出来。

5. 个性化副词

个性化的副词讲究话里有话,暗藏玄机,言在此而意在彼。例如:"我到现在终于没有见—大约孔乙己的确死了。"(鲁迅《孔乙己》)"大约"和"的确"都是副词,初看上去是语意矛盾。细品一下,我们不难发现,两个词另有所指。"大约"是作者根据年终孔乙己仍还不起欠账以及酒客的话,推测孔乙己可能死了。"的确"是表明在当时麻木冷漠的社会中,孔乙己之死是必然的结局。"东京也无非是这样。"(鲁迅《藤野先生》)"无非"意思是"只不过",语气副词,表达了鲁迅对留学生的厌恶失望的情绪,也阐明了作者去仙台的原因。

三、在写作中灵活运用汉语热词与陌生化表达

语言是有生命的,随着时代的变迁,不断发生变化。现在的流行语呈现出词

文件、词新闻、词游戏的形态。例如，"工匠精神""供给侧"便是典型的词文件，具有"词新闻"①的意义。人们有权把语言当玩具，从文字游戏到游戏文字，留下了类似"蓝瘦、香菇"这样的流行语，也有表达情感的功效。俗语大多数是劳动人民创造出来的，并在劳动人民中广泛流传，具有口语化和通俗化等特点，简练而形象。俗语从广义来看，包括谚语、歇后语（引注语）、惯用语和口头上常用的成语，但不包括方言词、书面语中的成语，或名著中的名言警句。从狭义来看，俗语是具有自己特点的语类之一，不同于谚语、歇后语等，但一些俗语介乎几者之间。增加词汇量，就必须从生活宝库里汲取语言的精华。

生活中的群众语言丰富多彩，生动活泼，表现力和感染力都很强。例如，"白"可以说成"雪白、净白、煞白、惨白、白茫茫、白花花、白净净、白汪汪"等。像这种鲜明、传神的词语还有很多，例如"绯红、喷香、梆硬、黝黑、黑不溜秋、软不拉叽"，这些词语化抽象为形象。又如，成语、谚语、俗语、歇后语、顺口溜、俏皮话、方言等，大多来自日常生活。生活中的惯用语，例如"炒鱿鱼"比喻解雇，撤职；"八竿子打不着"比喻关系疏远或没有关系；"撑场面"指维护表面的排场和体面；"穿小鞋"比喻暗中报复人，刁难人。人们口头上常说的，如"不管白猫黑猫，能捉老鼠的就是好猫"，比喻一切以实际为准绳；"不要在一棵树上吊死"，指的是遇到困难后应有变通，不要固执一种选择。

汉语词汇中有五千多个成语，它们犹如耀眼的明珠，闪烁着中华文明的光芒。成语指大家约定俗成的语言词汇。成语具有生动优美、言简义丰、易记易懂、富有哲理等特点。恰当地运用成语，可以提高语言的含金量，使自己的语言更典雅、更富表现力。初中学生应该积累一定量的成语，成语是写作中不可或缺的内容。

积累运用成语首先要博览古籍，熟读经典，准确识记。因为成语大多来自古代经典诗文，确保清楚成语的来源，每个字写正确，这是第一步。其次要把握相关的意思和情感，这是准确运用成语的基础。最后还要经常运用成语，关注语境，恰当使用。如果没有养成习惯，积累再多的成语也没有意义。

①词新闻通常指的是与特定词汇或短语相关的新闻报道。例如，某个流行词汇在社会上广泛流行后，可能会有很多相关的新闻报道，这些报道通常会探讨该词汇的含义、起源、用法等。

陌生化表达是通过运用诸如移用、通感、新奇的比喻与拟人等修辞手法，把抽象的事物具体化，把熟悉的事物陌生化，不按人们习惯的常情、常理、常事，使语意强化、重叠、浓缩、扭曲、延缓，使语言感觉化、情绪化、不呆板，给读者以感官的刺激或情感的震动，获得意想不到的美感体验。

（一）叠字

朱自清在《春》中使用了 17 处叠字，如"欣欣然、轻悄悄、软绵绵、嫩嫩的、绿绿的"等。这些叠词放慢了节奏，使文章语气变得舒缓、亲切。再看唐代诗僧寒山的作品《杳杳寒山道》：

> 杳杳寒山道，落落冷涧滨。
>
> 啾啾常有鸟，寂寂更无人。
>
> 淅淅风吹面，纷纷雪积身。
>
> 朝朝不见日，岁岁不知春。

寒山的诗通篇句首都用叠字，是不多见的。"杳杳"具有幽暗的色彩感；"落落"具有空旷的空间感；"啾啾"言有声；"寂寂"言无声；"淅淅"写风的动态感；"纷纷"写雪的飞舞状；"朝朝""岁岁"虽同指时间，却有长短的区别。八组叠字，各具情状。就词性看，这些叠字有形容词、副词、象声词、名词，各不相同。就描摹对象看，或山或水，或鸟或人，或风或雪，或境或情，也不一样。这样就显得变化多姿，字虽重复而不会使人厌烦，井然有序。使用叠字的效果，大抵像使用对偶排比一样，能获得整齐的形式美，增进感情的强度。寒山这首诗中的叠字，大都带有一种幽冷、寂寥的感情色彩，接连使用，使诗笼罩着一层浓烈的气氛。再如，"朝""岁"，单个的名词，本来不带感情色彩，但一经叠用，出现在上述特定的气氛中，就显得时间的无限延长，心情的守一与执着，也就加强了诗意，具有感情色彩了。

除此以外，这首诗使用叠字，还增强了音乐美。借助于音节的复沓，和谐贯穿，一气盘旋，并借助于形式上的划一，把本来分散的山、水、风、雪、境、情组织成一个整体，回环往复，连绵不断。

（二）反复

例如，郭沫若在《雷电颂》中多处运用反复手法，加强语气，表达强烈的情感。"屈原：（向风及雷电）'风！你咆哮吧！咆哮吧！尽力地咆哮吧！在这暗无天日的时候，一切都睡着了，都沉在梦里，都死了的时候，正是应该你咆哮的时候了，应该你尽力咆哮的时候！'"反复用相同的词，可以连续出现，例如"咆哮吧"这样的呼告式表达，能够充分地表达感情，使独白更有气势。也可以间隔出现，例如《安塞腰鼓》中"好个安塞腰鼓"在文中间隔出现，起到强调突出的作用，写出了安塞腰鼓热烈的舞蹈场面、巨大的能量和变幻的舞姿。

（三）变词

例如，莫怀戚的《散步》中用"整个世界"，大词小用，意蕴丰厚。除此之外，活用词性，改变词语的色彩或搭配，也能给读者以陌生化的审美效果。"两岸的豆麦和河底的水草所发散出来的清香，夹杂在水气中扑面地吹来；月色便朦胧在这水气里。"（鲁迅《社戏》）"朦胧"一词本来是形容词，这里活用为动词。这样写活了乡村月色的美丽，表达作者对故乡的深切怀念。"北京的冬季，地上还有积雪，灰黑色的秃树枝丫叉于晴朗的天空中，而远处有一二风筝浮动，在我是一种惊异和悲哀。"（鲁迅《风筝》）"丫叉"这个名词在这儿当作动词来使用，在文章开头添上灰色沉重的笔，使得晴朗的、有积雪的冬季变得寒气四射。作者感受的不是"冬日暖洋洋"的舒适，而是冬季的肃杀和寒威。

（四）变序

例如，郑愁予的《错误》中"三月的春帷不揭/你底心是小小的窗扉紧掩"两句中的动词"不揭""紧掩"都放在句末，变换了语序，起到强调的作用。有位考生这样开头："淡淡的，天空没有一丝云；冷冷的，空气中填满了秋的气息。"这样的开头一下子让读者感受到小作者淡淡的愁绪，具有情感的张力和视觉的冲击力。"大雪下得正紧，林冲和差拨两个，在路上又没买酒吃处，早来到草料场外。"（施耐庵《水浒传》）一个"紧"字，使气氛陡然紧张，这不是雪下得大的问题，而是林冲的处境十分危险，读者无不为之捏一把汗。

"喜欢那种淡到极致的美，不急不躁，不温不火，款步有声，舒缓有序，一弯浅笑，万千深情，尘烟几许，浅思淡行。于时光深处，静看花开花谢，虽历尽沧桑，仍含笑一腔，温暖如初。"四字短语的运用，产生韵律美，朗朗上口。"生活的阡陌中，没有人改变得了纵横交错的曾经，只是，在渐行渐远的回望里，那些痛过的、哭过的，都演绎成了坚强；那些不忍遗忘的、念念不忘的，都风干成了风景。"重复出现的"那些……的，都……"句式，突出强调了过去沉甸甸的生活，无论怎样都已过去。"风干"一词相当形象生动，把那种刻骨铭心的思念定格凝固起来，成为标本一样僵硬但又实实在在存在。"被细雨淋湿的鸟鸣跌落在河面上，江水微涨。微风拂来，夹岸的柳枝被风剪成丝缕，舞成一片婀娜。"（董华翱《守望春天》）作者表达的意思是"春天来了"。按照我们的习惯，应是先看到整体（江水），再注意到局部（河面），但作者先写洛杉矶的鸟鸣，且"细雨淋湿""跌落"等词极富动感，这就给读者一种强烈的视觉冲击，文字获得了生命，牢牢地吸引了读者。

（五）变句

例如，长短句结合、句式变换、整散结合等都属于变句，这样表达就避免了平淡和单调，使文章具有变化之美。例如："凄风。苦雨。天昏。地暗。"（聂华苓《亲爱的爸爸妈妈》）这样一词一顿的句式非同寻常，这样的环境描写极力渲染气氛的悲哀与沉重。

（六）矛盾

违背生活常理的词语产生矛盾，赋予新的意味。"不一会儿，他喝完酒，便又在旁人的说笑声中，坐着用这手慢慢走去了。"（鲁迅《孔乙己》）用手"爬"才是，用手"走"本身违背生活常理，但用在小说特殊的情境中，更显主人公的凄惨。"现在是早已并屋子一起卖给朱文公的子孙了，连那最末次的相见也已经隔了七八年，其中似乎确凿只有一些野草；但那时却是我的乐园。"（鲁迅《从百草园到三味书屋》）"似乎""确凿"看上去自相矛盾，但从作者的情感来看，这样写更表现作者对百草园的依恋和热爱，利用矛盾的词语产生陌生化的效果。"我们是一列忧愁而又快乐的树。"（张晓风《行道树》）"忧愁"是奋斗的痛苦：有抖不落的烟尘，为城市空气污染而忧愁，为市民健康而忧愁。快乐是奋斗的结果：能给人们带来清新空气，能在春天勤生绿叶，在夏日献出浓荫，为城市制造清新。利用矛盾的词语产生陌生化的效果，更体现行道树的坚韧伟大。胡范铸先生在《论语言规范观念》中说："语言活动的规范化是相对的，有条件的，而非规范化才是绝对的，无条件的。"这些"超常规"的字句运用，虽然不够规范，但是它能在阅读中产生陌生化效果，让文章的语言更具表现力和感染力。

第二节　初中语文写作的炼句技法与实践

古人写诗，往往先得句，再谋篇。得句后谋篇，谋篇立旨；得句以成趣，立旨以立骨。句上承字词，下接文段，在写作中起到核心作用。

一、写作时要体现记叙中的画面感

（一）注重对细节的描写

细节描写是具体表现事物特征的重要手段，可以从以下方面着手。

第一，人物的神韵表现在人物的动作、神态、语言、外貌等细节描写上。个人的言谈举止，神情心态，必须用细腻的笔触才能揭示人物的个性，这样写的目的是让读者产生如见其人、如闻其声、如临其境的画面感。例如：刘鹗《老残游记》中的王小玉（白妞）唱大鼓，描绘得十分传神："王小玉便启朱唇，发皓齿，唱了几句书儿。声音初不甚大，只觉入耳有说不出来的妙境：五脏六腑里，像熨斗熨过，无一处不伏帖；三万六千个孔，像吃了人参果，无一个毛孔不畅快。唱了十数句之后，渐渐地越唱越高，忽然拔了一个尖儿，像一线钢丝抛入天际。"作者用细节描写将看不见的声音化作看得见的声音，真是绘声绘色。

鲁迅《孔乙己》中的结尾："站起来向外一望，那孔乙己便在柜台下对了门槛坐着。他脸上黑而且瘦，已经不成样子；穿一件破夹袄，盘着两腿，下面垫一个蒲包，用草绳在肩上挂住……我温了酒，端出去，放在门槛上。他从破衣袋里摸出四文大钱，放在我手里，见他满手是泥，原来他便用这手走来的。不一会儿，他喝完酒，便又在旁人的说笑声中，坐着用这手慢慢走去了。"作者运用一组动词，细腻地展现出当时孔乙己的悲惨遭遇和鲜明的个性。孔乙己是用手撑着身体挪着行动，不是伏在地上用手爬，说明落魄至极的孔乙己还有一丁点儿读书人的尊严，同时更彰显出社会的冷漠与残酷。

第二，要用多种感官描写景物，并展开丰富的联想和想象。例如：《从百草园到三味书屋》中第二节对百草园的描写，就是从视觉、听觉、嗅觉、触觉、味觉多种感官、多角度进行描写，展开了丰富的联想和想象。正如巴尔扎克所说："要有蜗牛般眼观四方的目力，狗一般的嗅觉，田鼠般的耳朵。"以落叶为例，视觉和触觉联动——"飘飞的落叶，被我的眼光拧成几缕麻绳，散落于草丛"。视觉和味觉联动——"拿着残败的落叶，我闻到了一股皱纹的味道"。视觉和听觉联动——"在落叶的记忆中，零零碎碎的，是半握夕阳，以及几声茂密的鸟鸣。夕阳里那一声声雁叫，凝聚着三千里的辛酸"。景物描写如果要细腻入微，可以用工笔进行仔细描摹。例如，茅盾在《风景谈》中这样写景："桃林前面，有老百姓种的荞麦，也有大麻和玉米这一类高秆植物。荞麦正当开花，远望去就像一张粉红色的地毯，大麻和玉米就像是屏风，靠着地毯的边缘。太阳光从树叶的空隙落下来，在泥地上，石家具上，一抹一抹的金黄色。偶尔也听得有草虫在叫，带住在林边树上的马儿伸长了脖子就树干搔痒，也许是乐了，便长嘶起来。"

（二）丰富场景描述的维度

在写作中，"画面感"的提法并不鲜见，如北宋文学家苏轼曾用"诗中有画"来评价王维的山水田园诗。确实，好文章要具象地表达，要像中国绘画里的"万绿丛中一点红"那样醒目、耀眼，如此方能使自己的记叙文具有很强的辨识度与感染力。写作中生成"画面感"有以下四种方法。

1. 多感官并用

"多感官"包括人的眼、耳、鼻、口、触这五种感觉器官，多感官并用就是通过人的各种感官充分接受外界信息（光、声、味、嗅、触等），从而表达出对事物的多重感知。写景状物时，视觉描写和听觉描写是主要的，其中视觉又与色彩紧密相关。如下面两种不同的表述：

例1：纸月上身穿着袖口大大的褂子，下身穿着裤管微微短了一点的裤子，背着一只绣了一朵莲花的书包，正怯生生地看着大家。

例2：纸月上身穿着袖口大大的紫红色褂子，下身穿着裤管微微短了点的蓝布裤子，背着一只墨绿色的绣了一朵红莲花的书包，正怯生生地看着大家。（选

自曹文轩《草房子》)

语段 1 虽也能体现纸月穿什么衣服，但由于缺少了色彩，人物显得呆板；语段 2 添加了暗色的色彩，这就恰当地点出纸月"文弱、恬静、清纯而柔和"的性格，文段的画面感也就大为增强。

如果能在描写过程中，视、听、嗅、味、触"五觉"并用，将会产生更加细腻的描写效果。如，鲁迅先生在《社戏》中写双喜他们一起月夜行船去看社戏，描写一路上的见闻感受时，综合调动了嗅觉、触觉、视觉等多种感官，让读者仿佛看到了淡黑的起伏的连山，闻到了豆麦和水草的清香，又感受到拂面而来的清风……多觉并用，把相关场景描写得有声、有色、有味，可视、可闻、可感，诚可谓逼真而有味。

2. 过程分解

过程分解，指的是把一个完整的过程分解为若干有层次的细小部分来描绘。如朱自清先生的《背影》写父亲爬月台的文字，向来让人们为之感慨。不过，这一经典语段并非一气呵成，未定稿是"我看见他戴着黑布小帽，穿着黑布大马褂、深青布棉袍，艰难地穿过铁道"，后来的定稿是"我看见他戴着黑布小帽，穿着黑布大马褂、深青布棉袍，蹒跚地走到铁道边，慢慢探身下去，尚不大难。可是他穿过铁道，要爬上那边月台，就不容易了。他用两手攀着上面，两脚再向上缩；他肥胖的身子向左微倾，显出努力的样子。这时我看见他的背影，我的泪很快地流下来了"。此段文字将人物重要的言行举止细细分解，把每一个步骤都细致地刻画出来，写作就有了灵气与生命，所形成的画面也十分感人。

3. 修辞细描

修辞细描即运用联想的思维方式与比喻、拟人等修辞手法细加描摹，突出景物的特征，表现出描写对象的神韵。例如："曲曲折折的荷塘上面，弥望的是田田的叶子。叶子出水很高，像亭亭的舞女的裙。层层的叶子中间，零星地点缀着些白花，有袅娜地开着的，有羞涩地打着朵儿的；正如一粒粒的明珠，又如碧天里的星星，又如刚出浴的美人。微风过处，送来缕缕清香，仿佛远处高楼上渺茫的歌声似的。"（选自朱自清《荷塘月色》）首先，本段文字运用比喻手法写出了荷叶的风姿，由"出水很高"联想到"亭亭的舞女的裙"，两者不仅相似，而且写出其动态美。其次用拟人、比喻的手法写荷花，"袅娜"写其饱满盛开，"羞涩"写其含苞待放，赋予荷花以生命力和感情；接着三个比喻，分别描绘了淡月辉映下荷花晶莹剔透的闪光，绿叶衬托下荷花忽明忽暗的闪光以及荷花不染纤尘的美质，写出了荷花的神韵。最后以通感写荷香，由嗅觉向听觉转移，相似之处是时断时续、若有若无、轻淡缥缈，烘托出几分幽雅和宁静。

4. 有机组合

描写景物时，既要有"特写"，又要有对背景式的画面的"广写"。所谓"广写"，就是把众多场景艺术地组合起来，展现出一幅生动广阔的画面。常见的组合方式有：空间组合，可"由远及近""由上到下"，也可"由周围到中心"。时间组合，可以是"春夏秋冬"，也可是"晨午昏夜"。如，宗璞的《紫藤萝瀑布》一文写"每一穗花都是上面的盛开，下面的待放……每一朵盛开的花像是一个张满了的小小的帆"，作者注意到了写作的层次和顺序，由每一穗花写到每一朵花，由整体到局部，又由上到下。再如，老舍先生的《济南的冬天》，文中写"最妙的是下点小雪呀。看吧，山上的矮松……山尖全白了，给蓝天镶上一道银边。山坡上……微黄的阳光斜射在山腰上……"在作家笔下，这幅雪后初晴图层次清晰，以由远到近的顺序来描绘，让我们更加喜爱济南冬天雪后的小山了。

(三) 让写作笔法更加鲜活

让"画面感"这个词语贯穿写作的全过程，让学生自觉树立营造"画面感"的意识。那么，学生写的作文就会变得血肉丰满，更有生气。所谓"画面感"，就是用文字刻画出一种画面，再现一种场景，使"文中有画"，例如唐诗中的"大漠孤烟直，长河落日圆""明月松间照，清泉石上流"。如果作者写文章就像拿着一架摄像机对准一个人、一件事、一个场面，让读者如临其境、如见其人、如睹其物、如闻其声，大脑中自然而然地产生一幅幅生动的画面。那么这作文就可以在众多考生的文章中脱颖而出了。

1. 运用"特写镜头"描绘所见之景

"特写镜头"，原是一种特殊的摄影或者摄像的技术和方法。在写作中，运用"特写镜头"，会让所写画面长久地驻留在我们的脑海中，更能让读者的心灵为之震撼。由于"视距"的缩短，画面所传递给读者的信息也更为集中与纯粹，人物的一颦一笑、景物的细微变化在被有意放大之后更能在瞬间吸引读者的注意力，带给读者强烈的视觉冲击。这种特写镜头，画面感极强，给读者营造真实的"在场感""亲近感"，增强了文章的感染力。

2. 运用"细节描写"再现场景

一个动作、一个神态、一句话、一次心理活动、一个印象等，都可以成为文章的细节。只要能生动地揭示人物内心，有力地表达文章主题的细枝末节，就可以作为文章的细节。细节的作用就在于加强真实感和形象感。

例如，学生习作《愚人节趣事》中的一段：王雪风尘仆仆地推门闯进寝舍。"嗯？我的被呢？"映入眼帘的则是木板加垫子。"宿管老师说来了个七年级的……"寝室里七嘴八舌，看似在出谋划策。我想王雪的思绪应该像一团乱乱的毛线，剪不断理还乱。不知道发生了什么事，她只好如雕塑般一直站在那里纹丝不动。"你去找宿管老师问问吧！"终于，有人劈开了新的话头，大家都附和着怂恿王雪去找宿管老师。王雪定定地盯着我们，有点不知所措。大眼睛忽闪忽闪地透着无助与怀疑，只有手上做着小动作，她的拎包不停地旋转，最后打了个结，好像在劝告着什么。最后，在我们充满关切与坚定的眼神中，她半信半疑地向门口挪去，拎包不安地晃动，好像要发生什么，一步，两步，三步……快到门口了！周围的空气仿佛凝滞了，仿佛在等待着什么。终于，一道声音划破了这样的安静："一，二，三！""愚人节快乐！哈哈哈！"笑声溢满了屋子。

这段文字写了愚人节宿舍里的一段趣事。一个小小的拎包动作透露着被愚弄者的无助，简简单单的对话刻画出了其他小伙伴配合的默契。小作者通过极具现场感的细节描写，再现了这一场景。著名作家赵树理说："细致的作用在于给人以真实感，越细致越容易使人觉得像真的，从而使人看了以后的印象更深刻。"可见，细节描写可以成功传达出人物的内心世界，让人物血肉丰满，进而让人感到栩栩如生。

3. 运用"景物描写"营造画面感

对学生而言，撰写景物描绘类作文却颇感棘手。这源于学生在情感激发上的不足，以及对景物描绘技巧的掌握不够娴熟。在景物描绘过程中，我们应借鉴影视摄影师的技艺，学习他们如何运用多样视角展现景物。在写作中，这体现为对景物层次的合理安排。摄影中有远景、近景、特写、俯拍和仰拍等手法，写作同样可以运用文字呈现出类似的层次感。此外，调动各类感官也是营造画面感的一种有效途径。

例如，朱自清的《荷塘月色》，作者先写荷叶，再写荷花，最后写荷香，层次分明。叶子像裙，裙又是"亭亭的舞女"的；花是"袅娜"地开着，"羞涩"地打着朵儿；花香似"歌声"，光与影如"名曲"。作者是通过写叶和花的安谧、恬静，衬托出月色的朦胧柔和。作者透过不同的景物，从不同的角度去写月色，使难状之景如在眼前。总而言之，具有画面感的语言可以使人物和景物鲜活起来，不仅显得内容充实、富有意境，而且给人一种赏心悦目的美感。如果学生在描写之中穿插运用各种修辞手法，所写文章不仅具体形象，而且语言优美，富有感染力，达到内容和形式的完美统一。

二、在写作时运用扩展与阐释

短句活泼简明，带有口语色彩，显得亲切、明白、流畅，可以表达强烈的感情。长句层次多，容量大，书面色彩浓，语气舒缓，表意严密精确。但长句因结构复杂，稍不注意，就会产生语病。现在的初中生，由于生活环境、学习环境等客观条件的制约，作文的题材范围相对比较狭窄。然而客观因素是制约因素，并不是决定因素。学生生活的单调固然会让学生难以提取到有意义的生活素材，但我们更应该看到，今天的学生并不是没有生活，而是没能在看似普通的生活中发掘出生活的情趣和意义；并不是他们的生活不够丰富，而是他们不会在看似平淡的生活中去体验、感悟其中的动人之美；也并不是生活太单调，而是教师没有让学生学会采撷生活浪花的本领。所以，作为初中的语文教师，我们有责任帮助学生采生活之花、酿作文之蜜，有责任帮学生拓宽写作资源，写出有思想、有深度、有新意的作文。在实际的教学实践中，在写作资源拓宽上，可以从以下方面去为学生提供帮助：

（一）"深"字方面

这里所谓的"深"，就是"再进一步"的意思。生活经历少、生活平淡这是事实，但是如果对平淡的生活深入地思考一下就会发现，其实生活既不平淡，也不平凡。老题材、老故事，如果能深入思考一步，同样能开出绚烂的"新花"来。要让老树开新花，最重要的一点就是"立意"要深，意在笔先，用"意"统率全文。

例如，许多学生的作文中都有过这样的情节：在寒风凛冽的日子里，爸爸妈妈给我送来棉衣、棉鞋……在一番生动的场景描写之后，往往是用直抒胸臆的写法，表达对父母的感恩之情。这样的写法，本身并没有什么不好。但是，写多了、写滥了，学生都已经把这当成一个套路了。同样，老师也看多了、看厌了。这样写显然是不好的，因为它既违背了我们作文教学的初衷，也不利于学生创新精神的培养。其实，上述的作文素材，如果我们能"深"一步，对原有的故事进行深入的思索，就会发现有一个非常广阔的天地在等着我们：同样是送雨伞、送棉衣，我们可以不写感恩，我们可以反思，父母会在恶劣的天气条件下想到子女，想到要去关爱孩子；作为孩子，在心安理得地承受这份关爱的同时，有没有想过也要关爱父母，从而拓展开去，把它写成"孝"文化教育缺失的社会问题，这就是一条新路。除此之外，我们还可以反思。我们父母这种送伞、送棉衣的做法是否恰当。另外，上述的"送温暖"事件，我们还可以联想到，"我"父母的父母有没有这样送过，"我"以后会不会也给"我"的孩子"送温暖"，这样，我们又可以进一步联想到人类社会的传承问题等。

上文的例子，其实就是说明一个问题，对于老材料，会思索的人总能悟出新道理来，而我们老师要让学生学会的，就是对生活中司空见惯的事加以思考，多问几个为什么，多从侧面、反面进行思考，并常常能进行一些换位思考、逆向思考，通过自己的比较、分析、归纳，争取在立意上有所创新，以意取胜。

（二）"细"字方面

同样一个话题，同样一个题材，同样一个故事，有些人写来让人看了觉得面目可憎，味同嚼蜡；而有些人写来让人看了觉得津津有味。这似乎是语言表达能力的问题，其实，没那么简单。除了语言表达的差异之外，很重要的还在于有些同学对于写作资源的挖掘拓展不够。有了作文素材，直接动笔写作，这其实并不是一个好习惯。我们首先要对该素材进行分析，找出该素材的闪光点、感人点，把生活中琐碎的凡俗全部剔除干净，并用心灵进行显微与放大。换句话说，也就是在"细"字上做文章，通过典型的细节描写，来达到感人的目的。细节描写可以让肤浅走向深刻，让枯燥走向生动。

细节描写往往会使记叙文更具有可读性与真实性，会让学生的作文别开生面。在这一点上，朱自清的《背影》就是其中的典范。"车站送别"本身就是一个非常常见的场景，也有很多文学作品曾对此长篇大段地进行过描绘。而朱自清先生就靠"细"字取胜，他抓住了"望父买橘"这一细小的片段，细致地加以描绘，达到了催人泪下的效果。正是靠"买橘"这一细节，《背影》成了享誉中外的散文名篇。

在"细"字上做文章，这是写作资源拓展的极重要的组成部分。作为语文教师，我们首先应要求学生在记叙文的写作中有一两个细节，这是让作文从平淡走向感人的重要一步。

(三) "博"字方面

"海纳百川，有容乃大。"作文要写得大气，必须有广博的学识。广博的学识是人一生取之不尽、用之不竭的写作资源，这一点恐怕没人会否认。鲁迅的杂文、郭沫若的戏剧、余秋雨的散文之所以能取得如此高的成就，与他们丰厚的文化知识的积淀是分不开的。名家创作如此，学生作文也该如此。所谓"腹有诗书气自华"，宽广的阅读面，丰富的文化积淀，富有灵气和书卷气的语言，是写好作文的重要手段。这种方法的精髓在于采用引用、列举、排比等方式，将丰富的文化信息展示出来，以显示出广博的阅读面和开阔的视野。可以根据文章的内容和中心思想的需要，将个人喜好融入作文，这样就可以做到"人无我有，人有我新"，文章就会别具一格，高人一筹。写作的过程，也就是学生知识与能力运用的过程。知识储备的多与少，文化积淀的深与浅，在作文中会得到充分的体现。

因此要想在写作当中用例丰富、语言优美、思想深刻，就要全方位地准备材料，加强知识储备。那么首先就要把课本知识学活、用活，整理归纳形成系统，为活用迁移打下扎实的基本功；与此同时又要拓宽视野，多读中外名著，且读懂背景、读懂人物、读懂思想，以增加人生体验；还要关注社会人生，了解时代脉搏，多读时文佳作和具有鲜明特色且又富有时代感的材料。只有生活储备丰富，知识储备充足，无论写什么，我们才能"任凭风浪起，稳坐钓鱼台"。

在实际教学中，要想让学生拥有广博的知识，可以从以下方面引导：

第一，在课堂上给学生展现一个丰富多彩的文化世界，培养学生吸收文化知识的兴趣。教师的作用不仅仅是在课堂上传授知识，更重要的是，通过言行对学生进行文化的熏陶，并对他们的课外生活起到潜移默化的影响。

第二，正确地处理积累的知识，使之真正成为写作的资源。持有积累本，摘录了丰富的文化知识，并不意味着作文难题即可迎刃而解。教师可引导学生对所摘录内容进行深入分析与归纳，鼓励他们反思总结，强调将纸面上的知识铭记于心，使之真正转化为个人的写作资源。拥有广博学识的我们在面对作文题材时，不再担忧陈旧老套、语言匮乏，亦无须顾虑立意浅显、文笔稚嫩。借助广博学识，穿越古今中外，旁征博引，作文素材随手可得，从而使作文创作变得游刃有余，不再令学生望而生畏。

(四)"野"字方面

大自然不但是我们的生存空间，而且是我们精神寄托的伊甸园。自然界中的山川田野是一部大书，是我们取之不尽、用之不竭的写作源泉。如果我们的学生能热爱自然、深入山野、仔细观察，在"野"字上做一番文章，那么大自然就会成为他们创作的"源头活水"，他们的文章也自然就"清如许"。

当然，深入山野、仔细观察说来容易，做起来却并不简单。如果仅仅是把看到的景物用文字描绘出来，这并不可能成为好文章。要把自然融入作文，首先得把大自然当成自己的至亲好友。只有与大自然产生深厚的情感，我们才能体会到存在于山川田野之中的内在的美，稚嫩的心才会随着自然的脉搏而悸动，我们的文章才会有"感时花溅泪，恨别鸟惊心"般的艺术感染力。其次，观察自然并不能光用眼睛看，更要用心灵去看。溪水的枯涸、树叶的凋零、小草的萌芽、黄鹂的鸣叫等，这些常见的自然现象，只有通过心灵的感悟，才能体味到蕴含于其中的美，蕴含于其中的哲理，我们才能因此而写出美的文字。

综上所述，语文教师可以从各个角度想办法，引导学生拓宽写作思路，丰富写作资源。然而，知易行难，语文老师要让学生"听到花开的声音"，要让学生的文章能展现他们蓬勃的朝气、活跃的思维、多彩的人生，还任重而道远。正如小溪向往大海而百折不回，白云追逐太阳而彩霞满天，教师要勤于、善于拓展学生写作资源的渠道和范围，让作文成为学生内在的需要；同时要培养学生热爱生活，敢于表达的能力，解除羁绊学生作文情感的条条框框，让学生在开放中放胆作文，弘扬人性，放飞情感，释放灵性。

三、在写作中强化连贯与衔接

（一）语句连贯的表述

语言连贯是语言表达的基本要求，是语言流畅的目标。其具体表现是表述的中心明确，意思前后贯通，条理层次清晰，结构协调匀称，关联词和插入语运用得当。

1. 表述的中心要明确

一个句子、一段文字、一篇文章均要有明确的表意中心，即围绕一个中心展开。例如："一切都活了，都有无限的本领，要做什么，就做什么。要怎么样，就怎么样。都是自由的，太阳也不知道这个。"（萧红《呼兰河传》第三章）萧红以儿童的视角写了自家花园的一系列景物，但都围绕一个中心，即自由自在的欢快。

2. 意思前后需要贯通

句子表达时要求上下句之间紧密衔接，不能出现转换话题、改变叙述角度、上下句脱节等现象。例如："白色垃圾是一种环境污染，严重影响人民群众的生活健康，应该处以批评教育。"前一句在讲"白色垃圾"，后面却转换话题，提出对乱扔"白色垃圾"的人要批评教育。又如："屠教授没有把青蒿素当成一个发财致富的摇钱树，而是一种自主研发的抗击疟疾的化学药。"前句的叙述角度是赞美屠教授淡泊名利的品质，而后句的角度是回答"青蒿素到底是什么"，两者的叙述角度变化了，读者读起来也就不顺畅了。再如："春节外出旅行是人民群众富裕起来的结果，但是在出游前和出行中一定要有相应的防范措施，避免产生不愉快甚至伤亡。"前一句讲春节外出旅行与人民富裕的关系，后一句讲旅行中要注意的问题，显然两者语意脱节。如果将前一句改为"选择在春节长假出游，是个高兴的事情"，这样读起来就连贯顺畅了。

3. 条理层次清晰明了

有时为了上下衔接，将内容通过列举和分承进行表述，效果十分明显。列举是先用一句话概述几种情况，分承是分别对几种情况加以解说。例如，叶圣陶的《苏州园林》中这样表述："苏州园林里都有假山和池沼。假山的堆叠，可以说是一项艺术而不仅是技术。或者是重峦叠嶂，或者是几座小山配合着竹子花木，全在于设计者和匠师们生平多阅历，胸中有丘壑，才能使游览者攀登的时候忘却苏州城市，只觉得身在山间。至于池沼，大多引用活水。有些园林池沼宽敞，就把池沼作为全园的中心，其他景物配合着布置。水面假如成河道模样，往往安排桥梁。假如安排两座以上的桥梁，那就一座一个样，绝不雷同。池沼或河道的边沿很少砌齐整的石岸，总是高低屈曲任其自然。还在那儿布置几块玲珑的石头，或者种些花草：这也是为了取得从各个角度看都成一幅画的效果。池沼里养着金鱼或各色鲤鱼，夏秋季节荷花或睡莲开放，游览者看'鱼戏莲叶间'，又是入画的一景。"第一句是列举，是总说。第二句和第三句解说假山，第四句一直到段尾均在解说池沼。这样表述条理层次非常清晰。

又如，茅以升的《中国石拱桥》中，有这样一段文字："为什么我国的石拱桥会有这样光辉的成就呢？首先，在于我国劳动人民的勤劳和智慧。他们制作石料的工艺极其精巧，能把石料切成整块大石碑，又能把石块雕刻成各种形象。在建筑技术上有很多创造，在起重吊装方面更有意想不到的办法。如福建漳州的江东桥，修建于 800 年前，有的石梁一块就有 20 来吨重，究竟是怎样安装上去的，至今还不完全知道。其次，我国石拱桥的设计施工有优良传统，建成的桥，用料省，结构巧，强度高。再其次，我国富有建筑用的各种石料，便于就地取材，这也为修造石桥提供了有利条件。"第一句以设问的形式提出本段的中心：我国的石拱桥取得光辉成就的原因。然后通过"首先、其次、再其次"表示主次顺序的词连接三个原因。这样的构段，中心明确、条理清晰，读起来语句连贯流畅。

4. 文章结构协调匀称

一句话中叙述的对象要一致。例如："波浪在愤怒的飞沫中呼叫，跟狂风争鸣。看吧，狂风紧紧抱起一层层巨浪。"第一句主语是"波浪"，第二句主语是

"狂风"，与前一句中的"跟狂风争鸣"连接。如果改为"狂风与波浪争鸣"，那么第一句中出现了两个主语，结构就破坏了。

在排比句中，每个分句结构要相同，否则就表意不流畅。例如："也许是因为拔何首乌毁了泥墙罢，也许是因为将砖头抛到间壁的梁家去了罢，也许是因为站在石井栏上跳了下来罢……都无从知道。总而言之：我将不能常到百草园了。"（鲁迅《从百草园到三味书屋》）三个"也许"分句的结构相似，都是一组动作，长短差不多，读起来连贯匀称。

5. 关联词与插入语运用得当

句子里的某个实词或短语，跟它前后的词语没有结构关系，不互为句子成分，但又是句意上所必需的成分，这就是独立语。它的位置较为灵活，句首、句中、句末均可。

（1）插入语。插入语的作用是使句子严密化，补足句意，包括说话者对话语的态度，或为了引起听话者的注意。"看吧，山上的矮松越发的青黑，树尖上顶着一髻儿白花，好像日本看护妇。"（《济南的冬天》）"看吧"就是插入语，引起读者注意。有的插入语表示肯定或强调的口气，表明说话者那种不容置疑的态度，例如"毫无疑问、不可否认、不用说、十分明显、尤其是、主要是、特别是"等；有的表示对情况的推测和估计，口气比较委婉，对所说事情的真实性不做完全的肯定，例如"看来、看样子、说不定、算起来、我想、充其量、诚然、少说点"；有时候为了表示消息来源，例如"听说、据说"；有时说话者希望听话方接受自己的建议，例如"请看、你想、你瞧、你说"；有的表示总括性，对上文归总结论，例如"总而言之、综上所述、一言以蔽之"；有时表述相反或相近的例子，例如"相形之下""无独有偶"等。还有一些表示注释、补充、举例的，通常用"也就是、包括、正如"等。

（2）称呼语。用来称呼对方，引起注意。例如："土地，原野，我的家乡，你必须被解放！你必须站立！"（端木蕻良《土地的誓言》）

（3）感叹语。表示感情的呼声，如惊讶、感慨、喜怒哀乐等感情和应对等。例如："啊，那些坏家伙，他们贴在镇公所布告牌上的，原来就是这么一回事！"（阿尔丰斯·都德《最后一课》）

（4）拟声语。模拟事物的声音，进行生动形象的描写，以加强表达效果。例

如："筷子头一扎下去，吱——红油就冒出来了。"（汪曾祺《端午的鸭蛋》）

（二）文章过渡与照应

1. 过渡的方式

一篇文章需要各个段落之间的相互照应和自然链接，过渡、照应、铺垫、伏笔、线索等，都是连接文章的重要零部件。只有用好这些，才能使文章更优秀完美，否则，就会显得松散，甚至支离破碎，无法称之为文。文章是以段为单位构成的，段落又是由句子组成的，段与段之间、句与句之间，都需要很自然地衔接，才能完满地表达文章的主题。我们写作文，常需要用一些词语、句子或小段落来贯通文义，让它起到桥梁作用，这就叫过渡。过渡就是上下文之间的连接和持续。

过渡在文章中起到穿针引线、组织成篇的作用。一篇结构严谨的文章，不仅要有内在的联系，而且在句段相连的地方，前后相邻的两层意思间，都要自然地衔接，让读者思路能够顺利地从前者过渡到后者，使文气连贯、布局缜密、转承自然，使文章层次分明、结构完整严谨。古人就很重视段与段的过渡衔接。《修辞鉴衡》中说："看文字须要看它过换处及过接处。"就是说，要看段与段之间是否过渡得好。好的文章，过渡自然，如行云流水、天衣无缝。常见的过渡方式有以下方面：

（1）开头与正文之间的过渡。有些文章开头使用了倒叙的方法，或由眼前的景物而引出与之相关的主体部分，这时，为了使开头与正文衔接紧密，往往要使用过渡。如《背影》一文，一开头就有这么一句——"最难忘的是父亲的背影"，起到了总领全文的作用，引出下文，也为全文定下了感情基调。又如鲁迅的《一件小事》，开头用倒叙的手法，第二小段用"但有一件小事，却于我有意义，将我从坏脾气里拖开，使我至今忘记不得"过渡到文章的主体部分。

（2）不同事件或场景间的过渡。例如《从百草园到三味书屋》，在写"百草园"和"三味书屋"之间就用了一个承上启下的段落。"我不知道为什么家里的人要将我送进书塾里去了，而且还是全城中称为最严厉的书塾。也许是因为拔何首乌毁了泥墙罢，也许是因为将砖头抛到间壁的梁家去了罢，也许是因为站在石井栏上跳下来罢……都无从知道。总而言之：我将不能常到百草园了。Ade，我的蟋蟀们！Ade，我的覆盆子们和木莲们！"这样就把两个截然不同的学习环境很自然地连接了起来。

（3）叙述顺序转换间的过渡。有些文章在叙述过程中，往往需要插入一些与之有关的情节来补充，然后再回头叙述原来的事，这就需要使用过渡。如：在鲁迅的《故乡》中，"我"在与母亲对话中用"这时候，我的脑里忽然闪出幅神异的图画来……"过渡，插入了对闰土的回忆；同样，细脚伶仃的圆规突然出现在面前时，以"哦，我记得了。我孩子时候，在斜对门的豆腐店里确乎终日坐着一个杨二嫂……"转入对杨二嫂的一段插叙。

（4）利用过渡进行人物转换。在记叙的过程中，有时需要转换人称，或需要由一种表达方式转换为另一种表达方式，往往要使用过渡。例如："在朝鲜的每一天，我都被一些东西感动着，我的思想感情的潮水，在放纵奔流着。它使我想把一切东西，都告诉给我祖国的朋友们。但我最急于告诉你们的，是我思想感情的一段重要经历，这就是，我越来越深刻地感觉到谁是我们最可爱的人！谁是我们最可爱的人呢？我们的部队、我们的战士，我感觉他们是最可爱的人！"也许有的人在心里隐隐约约地说：你说的就是那些'兵'吗？他们……"由"我"第一人称的自述，到与"也许有些人"之间用第二人称"你"，接着又用第三人称"他""他们"转入写志愿军。有了过渡句，转换人称就显得自然了。

（5）通过情态或细节的描写过渡。如鲁迅的《从百草园到三味书屋》中"先生读书入神的时候，于我们是很相宜的"，便是由对先生读书时"总是微笑起来，而且将头仰起，摇着，向后拗过去，拗过去"的忘我状态的描写，转入对学生开始做小动作的描写。

（6）叙述的人物或事件之间的过渡。张志光的《功名难夺报国心》一文，共写了詹天佑、冯如、谭根三人的事迹。第一部分写他们不畏艰难，献身科学，终于登上科学殿堂的事迹；第二部分写他们成功以后赤心报国，不为功名利禄所吸引的精神。两大部分之间用了一个小小的过渡段—中国人不仅有才能，还很有志气—很自然地由第一部分过渡到第二部分。《谁是最可爱的人》主体部分写了三件事，都以一个抒情议论的过渡段自然连接了起来。

（7）引用不同论据说理时的过渡。议论文常常要从不同角度说理，引用不同的论据来说理，不同角度和不同事例之间往往需要相应的词语或句段来过渡。例如课文《事物的正确答案不止一个》不仅用了"不过""然而""由此看来"等词语进行段落间的过渡，而且在列举了约翰·古登贝尔克和罗兰·布歇内尔两个"典型代表"后，进而推及其他具有创造力的人，用了一个过渡段。

不过，这种创造性的思维是否任何人都具备？是否存在富有创造力和缺乏创造力的区别；还可以列举很多种过渡的形式。大多数文章需要用承上启下的过渡语过渡，或用过渡词，或用过渡句、或用过渡段、使文章前后连贯，形成一个整体。怎样运用过渡语言呢？这没有固定不变的方法，一般而言，可以这样考虑：当文章上下层次的内容比较单一，两层的意思相近时，或者两层的意思转换、跳跃不大的地方，可用过渡词或词组。如《白杨礼赞》一文，第二段与第一段之间用了"然而"一词过渡。时间转换用时间词，地点转换用方位词，表示意思转折的用"然而""但是""可是""不过"等，表示因果关系的用"因为""所以""因此"，表示结论的用"由此可知""可见"等，表示总结的用"综上所述""总而言之"等。

当上下两个层次内容比较复杂，层次跟层次之间意思有较大转换或跳跃时，用过渡词语可能连接不起来，但用一个较简单的句子可以连接清楚，在这种情况下应该用过渡句。例如：广州的冬天景象已然描绘，那么，与之相较，上海的冬季又将呈现何种风貌呢？在文章中，当两个主题之间存在较大转换或跳跃时，设置过渡段尤为重要。这类过渡段虽独立成篇，但篇幅短小，仅包含简洁的语句，甚至仅有一个简短的句子作为引导。

例如，鲁迅在《孔乙己》一文中，有这样一个语段："孔乙己是这样地使人快活，可是没有他，别人也便这么过。"这句承上启下的议论，不仅在内容上高度概括了孔乙己的性格以及他无足轻重的社会地位，而且从结构上把上下文紧密地连贯起来了。杨朔的《荔枝蜜》一文中写作者原先不大喜欢蜜蜂，后来对蜜蜂的辛勤劳动有所了解，感情有了变化，其中有这样一个过渡段："我不觉发生了兴趣，想去看看一向不大喜欢的蜜蜂。"对一向不大喜欢的蜜蜂发生了兴趣，就很自然了，从而又过渡到下文对蜜蜂的赞美。

过渡处理得好，文气才贯通，文章的结构才能严谨，所以我们应该学会过渡。过渡是为了保持层次或段落之间的连贯性，使上下文能自然地衔接转换的结构方法，往往在文章中起承上启下的作用。照应是文章中在前后相应的部位上的关照、呼应。照应往往能使文章文气贯通，浑然一体。通俗地说，照应就是前有所呼、后有所应的一种结构手段。一篇文章不但要前后连贯，而且要前后照应。有的时候，前面说过的话后面需要有着落，或再加以补充、发挥；有的时候，后面要说的话，前面需要先交代或暗示一下。照应就是这种前后文之间的互相呼应。

2. 照应的方式

文章的照应方式很多，常见的有以下方面：

（1）首尾照应。首尾照应就是开头和结尾内容的关照呼应，它要求开头的悬念，结尾要有解答；结尾写的内容，开头要有所交代。其表现形式具体如下：

第一，首尾重复照应。如《白杨礼赞》的开头、结尾分别为"我赞美白杨树""我高声赞美白杨树"。重复的方式可以一字不差，也可以更改一两个字，或重复首尾的一个字。

第二，首尾语意重复照应。首尾语意重复照应即在题意、主旨上进行照应。如鲁迅的《一件小事》开头说"但有一件小事，却于我有意义，将我从坏脾气里拖开，使我至今忘记不得"，结尾是"这事到了现在，还是时时记起。我因此也时时煞了苦痛，努力地要想到我自己……"。《紫藤萝瀑布》开头是"我不由得停住了脚步"，结尾是"我不觉加快了脚步"。

第三，感情重复照应。这种照应往往是抒发怀念或憎恶之情。如朱自清的《背影》，首尾都是抒发对父亲的思念之情。

第四，物像重复照应。物像重复照应即开头和结尾都提到相同的物像。咏物的散文常常这样，如吴伯箫的《记一辆纺车》；在一些写人记事的文章里也不少，如《爸爸的花儿落了》开头和结尾都提到爸爸种的夹竹桃花。

第五，回答式照应。开篇提出问题，引出下文，结尾在正文的基础上做出回答。

第六，景观和感情照应。特别是游记类文章，开篇描写景物，结尾是即景抒情。

（2）文题照应。照应文题能够使文章的主题更突出。大体有三种情况：一是首段扣题，尾段照应，抓住题目中关键词语，在首段中先点题，末段又相呼应。二是起笔时宕开题目，思路由远而近、由表及里地写，末尾水到渠成，点题揭示中心。三是语意扣题，也就是题意相同而语言形式不同的照应。照应标题能够防止离题现象的出现。

（3）伏笔照应。作者在行文不甚注目处，对将要在文中出现的人或事预先做暗示；之后，当行文至需要揭示全文主旨内容时，忽然发现前文中那不起眼的一笔，显示出结构上的意义，令读者回味无穷。使用伏笔照应，必须胸有成竹，建立在结构谨严、开合自如的基础上。

（4）语言照应。言为心声。在写作过程中，要注意语言与人物性格、故事情节以及人物身份的照应。

（5）情节照应。在叙事散文或小说中，情节的交代和照应可以推动故事情节的发展，形成波澜，有助于刻画人物性格。如《杨修之死》一文，杨修多次恃才放旷，与结果招致被斩相照应；杨修揭破曹操"鸡肋"的奥秘"来日魏王必班师矣"，和杨修被斩后曹操被逼班师等情节都相照应。

（6）对比照应。如：鲁彦的《听潮》，描写落潮、涨潮的情景，分别显示出的温柔美、雄壮美构成情景对比；鲁迅《故乡》中二十年前与现实中的故乡构成对比、少年闰土和中年闰土也构成对比。对比的前后要相照应，才能通过对比起到深刻揭示生活本质、传达作品情感和意念的作用。

（7）论点照应。写议论文往往从不同角度、多方面展开论证，几个方面的分论点与中心论点要相照应，论点与论据、论证也要相照应。

（8）重叠照应。如：《白杨礼赞》一文中赞美白杨树的"不平凡"，前后一共出现四次，相同的段落出现了两次，前后之间相照应。

（9）事件或细节上照应。例如：冰心的《小橘灯》一文，多处照应了题目，如第5段的买橘子，第6、7、8段小姑娘掰开橘子及做小橘灯的动作等。

第三节　初中语文写作的构段技法与实践

文章是一个整体，段落就是这个整体中的"大零件"。段落让文字不再堆在一起，于是读者便能更好地明白其文脉。一个好的段落应该具有以下三个特性：完整性、统一性、连贯性。为此，必须研究段落内部的结构层次以及段与段之间的逻辑关系，掌握段落的布局技巧，让每个段落都发挥各自独特的作用。然而，写出一个结构严谨的段落，并不是一件非常容易的事情，需要潜心建模，形成图式。

一、写作时段落的思维图式分析

(一) 段落写作的技巧

1. 设计总体框架

段落是由句过渡到篇的不可缺少的环节。段落本身已具备成篇文章的雏形。一个完整的段落也可以说是一篇具体而微的文章，把段扩展开来就构成了篇。无论哪种体裁的文章的构成都离不了段，不会写段就难以成篇。初学写作者写不出像样的文章，从表面上看，好像是"谋篇"的能力差，实际上是"构段"的水平低。所以练习作文首先应该练习写段。

段就是说话或文章中相对独立的一部分。"独立"是指能单独地表述一个完整的意思，而"相对"是指在一席话或一篇文章中其独立性只是相对而言。一般来说无论记叙、说明、议论，凡属能够独立地表述一个完整意思的段，它的构成应该包括以下三个部分：

第一，起始部分：概括地提出本段内容或中心，确定全段涉及的范围或中心意思。起始部分往往是一段的中心。作者想在这一段话里表达的最主要的意思往往在这部分中，使用最准确、简明的话说出来，一般以论题句或中心句的形式出现。它的作用就在于介绍全段要说的中心。人们在读文章时非常重视段首句就是这个道理。

第二，展开部分：围绕起始部分确定的中心提供实例、细节或理由，让中心意思充实可信。它的作用在于陈述或论证段的中心意思。

第三，终结部分：由展开部分引出一个合乎逻辑的结果，重申中心意思而避免词语雷同。它的作用在于明确、深化中心意思。终结部分往往是对全段内容的总结和收束，它的意思其实和起始部分是一样的，只是说法略有不同而已。人们习惯上称之为段尾句。

另外，在比较长的段落里，段的中心要由两层或两层以上的内容来加以叙述、说明或阐释。这些内容或者从一件事转到另一件事，或者由议转叙，或者由叙转议，或者倒叙、插叙与顺叙相转接，或者由合到分，或者由分到合，这时就需要有一种承上启下性质的句子把两层或几层意思巧妙地连接起来，使作者的思路能够顺利地由前一层转入到后一层，使文章脉络清楚、结构严谨，使全段浑然一体。这就是我们平常所说的过渡句。过渡句通常由前后两部分构成，承前部分用来收束上文，是对前一层意思的总结；启后部分用来开拓下文，是对下一层意思的领起。过渡句实际上也起着对中心意思进行提示的作用，所以也非常重要。会写文章的人往往精心设计段首句、段尾句和过渡句。

2. 段落设计原则

在进行段落写作练习时应遵循以下原则：

（1）根据自己想要表达的意思设计好段首句、段尾句、过渡句。

（2）从不同角度、不同侧面为段的中心提供实例、细节或理由，并且要安排好不同角度、不同侧面的实例、细节或理由之间（亦即段内层与层之间）的关系。

（3）用添加修饰、限制、补充成分的方法丰富、扩展段落。

（4）运用恰当的修辞方法扩展段落，增加神韵。

在初始阶段，练习过程中可能会感到迷茫，难以找到切入点。此时，可以有意识地研究他人创作的优秀篇章，通过品味和模仿，经过持续不断的尝试与练习，逐渐能够创作出富有情感、逻辑清晰且趣味盎然的精彩段落。随着时间的推移，学生的思维将得到科学且有效的锻炼，许多在练习过程中领悟到的要点不经意间变成了学生自己的思维习惯和品质。换句话说，学生在潜移默化中提升了自己，使写作水平迈向更高层次。到了这个阶段，创作整篇文章便会感到轻松许多，因为段落不过是文章的缩影，稍微扩展便可构成完整篇章。因此，熟练掌握段落写作后再去练习整篇文章，自然水到渠成。

（二）作文结构的类型

1. 并列式结构

所谓"并列式结构"，就是围绕着中心（或标题、话题），从三个（一般是三个，二至四个也行，下同）角度来进行分析（或通过三个场景来进行描写），以证明论点（或表现主题）的一种作文结构形式，又被称为"横式结构"，这个说法更准确一点，因为有的概念之间，只是形式上的"并列"，内涵上其实是递进关系。这种结构形式不但特别适用于议论类作文，也适用于记叙类、抒情类等作文。它最大的好处是，可以帮助学生在考场上迅速打开思路，构思出一篇内容充实、层次分明、结构严谨、主题突出的作文。设计这种结构形式是很多同学考场上获取高分的"法宝"，也是我们平时作文训练必备的基本功。

2. 递进式结构

议论文以说理为主，但说理并非单纯的道理论证，也非纯粹的例后分析，议论文的说理过程还应该包括递进的说理方式。所谓的递进式，也就是提出问题、分析问题和解决问题。（这种 what、why、how 的写作结构在学校教学中也被称为逻辑式）递进式的分层论证，其特点是分论点之间的关系不断递进，论证的层次向纵深展开，一层比一层深入地揭示论题的内涵，使中心论点得到深刻的阐发，其作用是分析透彻、说理深刻。如何才能搭好一篇作文的框架？首先就应当先学会如何去规划文章的布局，而规划文章布局的首选，就是递进式的写作结构，就上文而言，这样的思路简约大方，而且以递进的方式展开论证，完全符合最古老的写作格式，即是什么、为什么、怎么做的写作思路。其次，递进式结构比并列式结构和对照式结构更能体现思维的缜密，能使文章更灵活，更具个性化色彩。不过，递进式写作结构虽优势突出，也不是随意使用的。在运用递进式结构时，要注意以下问题：

（1）"是什么"部分，或指明问题的实质，或申述论述的范围，或直接提出中心论点，也可以是对论述对象做必要的解释、说明等。

（2）从"为什么"与"怎么办"的角度论述，是文章的主体部分，这两部分可以并重，也可以有所侧重，不一定平均用力。侧重点的选择，要考虑需要我们着重讲清的是观点成立的理由，还是根据某个道理应该怎么做。

一般而言，如果道理简单，显而易见，无须详加论证，则可在"怎么办"上多做文章；如果"怎么办"的问题众所周知，不言而喻，则可在"为什么"上多做文章，而"怎么办"可一笔带过或干脆不用。

3. 对比式结构

对比式结构，正是利用事物的这种强烈反差，构筑起来的一种"和谐"的作文结构形式，如果说并列式是对作文的横向拓展，递进式是纵向拓展，那么对比式则是逆向拓展。这三种形式都是作文的基本结构形式，是学生平日作文训练时必备的基本功。只要熟悉这三种形式的特点、用法，考场上或单独使用，或加以综合，都能够快速行文，写出一篇内容充实、结构严谨、主旨鲜明的文章。

对比式结构的适用范围比较广，它既可以用来论证论点，也可以用来抒发感情、记人叙事。它的基本方法是，将两种完全相反或对立的观点、事件、场景、结果、感情等放在一起，通过对比来明辨是非、寄寓褒贬、凸显主旨。它最大的好处是，结构简单，易于构思，对比鲜明，观点突出。对比式结构在记叙文写作中应用得更为灵活一些，它既可以是同一事物在前后不同阶段的对比，也可以是不同事物在形象、态度、品格、结果等方面的对比，目的是通过对比，表现主旨；而在议论文写作中的应用，则格式相对比较固定，一般都是在引出论题（或提出论点）后，先正面论证，再反面论证（当然也可以先反后正），再辅以事例剖析，最后归纳总结，目的是通过对比，凸显论点。

对比式结构由于方向明确，角度单一（只有逆向拓展这一条思路，不是从正到反，就是由反及正），在考场上应用起来并不难，但想要写得出彩也并不容易。在实际运用中，要注意以下问题：

（1）要找准角度，突出重点。例如：在例文《小柳树小枣树》中，要重点围绕二者在外貌上，一个美，一个丑；在修养上，一个虚荣骄傲，一个沉稳踏实；在思想上，一个哗众取宠，一个无私奉献；在结局上，一个被人遗忘，一个被人称赞等几个方面进行对比。在例文《勿为情所障目》中，要重点围绕"受感情上的亲疏远近的影响"这一因素来进行对比，千万不可偏离了这个对比。

（2）对比标准必须具有客观性。对比标准必须具有客观性，否则得出的结论不一定可靠。例如，要论述人的思想境界，最好找同时代的人进行横向对比。如果拿古人跟今人做纵向对比，忽视了时代的局限性，就显得不合情理。

（3）在内容安排上可以灵活一些。既可以将正反两方面均等用墨，使篇幅相当，结构对称；也可以将其中一个方面作为论述的重点，而使另一方面起烘托、陪衬作用。

（4）不要简单地罗列材料。即使要使用多个素材，也要注意古今中外的合理搭配，尽量使用一些新鲜的时事素材，注重材料和道理的有效融合，注重论证的深刻性、思辨性和逻辑感。

4. 内嵌式结构

内嵌式结构就是在一个大故事里嵌入一个小故事，通过小故事实现大故事的转折性发展，最终达到表达主旨的作用。这个小故事与大故事之间可以是一个类比的关系，又或者是一个刚好相反的故事，能触发大故事最终的转折即可。这种方法的好处是避免记叙文平铺直叙没有亮点，又可以以小见大，使主旨更深刻。

（三）提升文章结构完整性

结构，即谋篇布局之策略，为组织与运用素材以体现主旨的方法。它要求对文章内容进行合理安排，使之成为具备明确起始、条理清晰、层次分明的有机整体。若将主题视为文章之"灵魂"，素材为文章之"血肉"，则结构便是文章的"骨骼"。若无健全且完整的骨骼，血肉将无依附之处，灵魂亦无寄托之地。因此，结构之完整性及严谨性，已成为评价文章优劣的重要准则，亦为中考作文评分标准中之关键指标，务必引起高度重视。

1. 凤头豹尾，紧密照应

古人强调写作要"凤头、猪肚、豹尾"。元人陶宗仪在《南村辍耕录》里提出："为文起要美丽，中间要浩荡，结果要响亮。""美丽"即"凤头"，"响亮"即"豹尾"，"浩荡"即"猪肚"。

（1）开头做到"一见钟情，扣人心弦"。开头需要遵循以下原则，即"扣题""定位""引下文"。"扣题"，就是把题目中重点的字或词，写进开头。"定位"，一方面主要指确定写作范围，另一方面也指完成情感定位，即对所写人或事，是喜是恶、是褒是贬，表明自己的观点。"引下文"，即为什么这样说，具体情况是怎样的，在读者心中设疑，引起下文。

常见的开头方法为：①开门见山法。开头不加任何修饰，直接进入正题。如朱自清的《背影》。②反向切题法。开头可以先"反向"肯定某些观点，再回头提出自己的见解。③引言切入法。开头可以引用一段或一句切合题意的名言、警句、俗语、哲言等，可以给人留下深刻的印象，扣题定位。④倒叙设悬法。开头以特写镜头或倒叙之法写出事件某个最富有吸引力的片段或事情的结果，以设置悬念。⑤骈整句式法。开头运用排比、比喻、拟人等的修辞手法，采用骈句、整句的形式，来议论点题，抒发感情，总领全文，以达到引人入胜的效果。⑥题记入题法。开头采用议论或散文化的语言作为记不仅示意阅卷老师作者已领会了出题人的意图和内容，而且为全文的写作内容规定了范围。

（2）结尾做到"打动人心，余味悠长"。文章结尾一要响亮，二要音韵悠长。概括为七个字，即"照应开头""写所感"。"照应开头"，就是联系、呼应开头部分的内容，再次使用开头部分的重点字词；"写所感"，就是写出自己的感想、感受或感悟，起到点明观点或升华观点的作用。

常见的结尾方法有：①画龙点睛法。用一句或一段简洁的话明确点出文章的观点，画龙点睛。②照应开头法。与题目照应，与开头照应。③自然收束法。全文自然收束，使之有一个朴素无华的结尾，干脆利落。④含蓄结尾法。结尾可以留下"空白"，给读者回味的余地。也可以在结尾处用设问或反问句提出个新问题，引发思考，从而使文章更深刻。⑤引言发挥法。结尾可以引用别人的话，或引言后再略加发挥。

2. 猪肚承头，依序而写

"猪肚""浩荡"，蕴含着内容充实，为了使文章结构严谨，就必须做到七个字，即"承头""顺写""详重点"。"承头"就是接续开头的内容来写，这样才不会跑题。"顺写"就是按照一定的顺序，有条理地写。就整篇文章的结构而言，叙事类文章常以时间为序、空间为序、事件为序和情感为序来写。议论类文章常以四种方式安排层次：并列式、对照式、层进式和总分式。说明类文章则常以时间顺序、空间顺序、逻辑顺序来写。"详重点"，就是详写重点部分。详略的处理，是让文章结构严谨的重要手段。如果只写一件事，这件事必详写；如果写两件事，一详一略；如果写三件事，可一详，也可两详，其余略写。

3. 因"文"制宜，结构创新

对于考场作文，我们不但要达到结构严谨、完整的基本要求，还要适当追求结构的新颖、独特、巧妙，从而使文章获得更高的分数。为此，可以根据具体文题的要求，灵活地进行结构创新。主要方法有：①尺水兴波，跌宕起伏。即通过有意识地制造一些波澜或设置悬念，或借助巧合，或运用抑扬，做到有张有弛、时起时伏、曲折有致，激发读者的阅读兴趣。这样，定会收到令人惊喜的效果。②一线串珠，镜头组合。即紧紧围绕所写文章的中心或自己的情感，选取几个具有典型性、形象性、连贯性的相关画面精雕细琢，从不同侧面、不同角度表现主题。这种结构模式简洁明快，不受时空约束，而且省去了承上启下的过渡语句，有助于集中时间和精力更快、更好地作文。③对比映衬，形成反差。即通过对比不同的事物、人物、情境等，可以形成强烈的反差，从而让读者更加鲜明地感受到作者所要传达的信息。

二、写作时要捕捉材料，展开联想

（一）运用修辞，展开丰富的联想和想象

联想和想象是非常重要的言语技能，其训练方法有很多。例如从一个词联想开去，或将几个词连成一篇，其中值得注意的是拟人、隐喻、博喻和通感等修辞手法。隐喻也称暗喻，是比喻的一种，把相互之间似乎缺乏联系的词句结合在一起。隐喻比明喻更加灵活、形象。例如："20多年来，时光让无数的梦想破碎，让很多的河流改道，让数不清的青春流离失所，却只有它还在星空下微弱地闪光。"这句话中的"河流改道"其实隐喻时光对世界的改变巨大。

一个喻体对一个本体是单纯的比喻，多个喻体对一个本体则是博喻。例如："耳朵里有不可捉摸的声响，极远的又是极近的，极宏大的又是极细切的，像春蚕在咀嚼桑叶，像野马在平原上奔驰，像山泉在呜咽，像波涛在澎湃。"用一连串的比喻，从不同的角度，多方面描绘耳朵里的声响。朱自清在《荷塘月色》中这样描写："层层的叶子中间，零星地点缀着些白花，有袅娜地开着的，有羞涩地打着朵儿的；正如一粒粒的明珠，又如碧天里的星星，又如刚出浴的美人。"作者用"明珠"作比，写出淡月辉映下的荷花晶莹剔透地闪光；用"星星"作比，写出绿叶衬托下的荷花忽明忽暗地闪光；用"美人"作比，写出荷花纤尘不染的美好品质。这些比喻惟妙惟肖，给读者以美好的感觉。

第一，词语之间的组合，产生新的联想。"阳光"与"少年"，"黑猫"与

"警长""旋风"与"小子","战""狼"与"突击队",这些本来没有丝毫关系的词,一旦组合在一起,就被人们赋予了新的含义,产生无穷无尽的联想。

第二,引用诗词名句,产生新的联想。有时引用诗词名句,是为了更好地抒发情感。例如:"远望珠峰,白雪皑皑,连绵起伏,真有'欲与天公试比高'的气势。"有时引用诗词名句,是为了描绘具体的场景,使之更具体、更生动。例如:"老天爷真是慈悲公平,硬生生地把一个宝贝补偿给这片贫瘠荒凉的土地,在沙山环抱中勾勒出'沙挟风而飞响,泉映月而无尘'的绝美画卷。"

第三,展开丰富的联想,妙用通感添文采。通感,又叫"移觉",即在描述客观事物时,把不同感官的感觉沟通起来,借联想引起感觉转移,"以感觉写感觉"。在通感中,颜色似乎会有温度,声音似乎会有形象,冷暖似乎会有重量。课文中有经典的比喻句,例如:"荷塘边,微风过处,送来缕缕清香,仿佛远处高楼上渺茫的歌声似的。""紫藤萝的香气似乎也是淡紫色的,梦幻一般轻轻地笼罩着我。""我听见了她那闪闪烁烁的笑声。远处隐约飘来阵阵香味,似有似无,如有悠扬的乐声,时断时续。""天上的星星越聚越多,闪闪亮亮的,特别闹。"这些通感句如果换成直说,那么表达的效果就大打折扣。

第四,展开丰富的想象,变叙述为描述。如果一篇记叙文没有想象,从头到尾,平铺直叙,那么就会平淡无味。如果把叙述语言改为形象的描述,展现一幅幅画面,那就需要丰富的想象。例如:"春天来了,真是美极了!"这样的叙述不能给人留下任何具体印象。但若借助想象,将春天的景物具象化,那给人的感觉就不一样。例如:"春姑娘来了,她迈着轻盈的步子,款款而来,将五彩的鲜花撒向山坡,撒遍草原。她唱着小溪的歌,带着小燕子,一起来到农家,把播种的信息告诉人们。"

（二）对原始素材进行筛选、组合和编码

第一,原始素材的筛选标准是材料的典型性、真实性和新颖性。选取材料时,应避免特殊个例的不典型性,杜绝通用性过强或来源不明的信息,同时避免使用陈旧且缺乏新意的素材。在进行原始材料筛选之前,作者须确保自身具备丰富的阅读素材储备和生活经验积累。

第二,对原始素材的组合和编码。首先必须学会概括和比较,概括必先压缩信息，学会摘要、提要和转述。原始素材不能全部照搬照抄，不加取舍。要为我所用，必须删研赘余，经过提炼加工。取舍的标准是去掉素材中的冗余信息，例如读者不读也知道的信息、上下文中语意重复的信息等；保留必要信息，例如背景内容、事情的脉络、读者想知道的内容等。"摘要"是尽可能保留原作中的语句，灵活缀合。"提要"可重新排序，也可依照原作的顺序，灵活缀合。记叙性文字适合用提要来压缩，议论性文字适合用摘要来压缩。"转述"是对于材料中的关键内容，根据表达意图进行转换压缩，尤其是议论文中的记叙内容要通过压缩或转述成为论据。其次是编码，即润色语言和完善结构。一个材料从不同角度提出不同的观点加以评述，提高材料的利用率。

(三) 抓住痛点、笑点、动情点并定点放大

在撰写人物及事件时，许多同学往往仅停留于空泛的叙述，而缺乏精细的描绘，导致文章显得单调乏味。若在文中融入适当的描绘，便能使人阅读时如见其人、如闻其声、如临其境。让描绘生动起来的方法颇多：可以惜墨如金，力求字字传神；可以浓墨重彩，细腻描绘人物的连续性动作；亦可将动作、语言、神态及心理描写等手法融为一体。为了使文章由空洞变为具体，由单薄变得丰满，我们可在素材中寻找动情之处，对人物的表情动作进行精细的定点描绘，或紧扣人物的矛盾心理，展开丰富的心理描写。

三、段落剪裁与详略设计

选材、剪裁和详略安排都是构思文章的重要环节，很讲究技巧和艺术。优秀的作品都很讲究材料的剪裁和详略的安排。

(一) 围绕中心选择取舍，安排详略

中心是选材、剪裁和安排详略的依据，要力求选取最能表现中心的材料，果断舍弃与中心无关的材料，才能有力地突出中心。例如《藤野先生》的中心是表达对藤野先生的真挚怀念，赞扬他正直热诚、治学严谨、没有民族偏见的高尚品质，表达作者强烈的爱国主义感情。这篇散文按作者的行踪变化分为三部分：第一部分写在东京，以讽刺的笔调刻画留学生的生活丑态，表现了作者的爱国主义

思想；第二部分写在仙台，回忆与藤野先生的交往，着重追述弃医从文的原因，充分展示了作者热爱祖国、积极探索救国救民的道路的历程；第三部分写回国后对藤野先生的怀念，主要写藤野先生对鲁迅的影响，使他"良心发现""增加勇气"，继续战斗。第二部分最能突出中心，就详写。文章应该围绕中心选材和剪裁，围绕中心安排详略。主要的要详写，但不等于唯一的；次要的要略写，也不等于可有可无，不等于不写。"在东京"刻画清国留学生生活丑态和去仙台途中的写"日暮里"的一笔，都是略写，也从不同角度体现了中心思想；如果把应当略写的材料舍弃不写，就可能使情节不完整，或者使文章显得单调。

（二）由文体和写作的侧重点决定材料的取舍和详略安排

侧重于写人的文章，要"人详事略"。写人，重点要写出人的思想、性格、品质等多方面的特征，因而能表现人物思想、性格、品质等方面的材料，如人物的语言、行动、心理、外貌等就是重点材料，应当详写；涉及表现人物思想品格的事件，适合概括叙述，因为所写的事件是用来表现人物的思想性格的，不在于展示事件的发展过程，事件应略写。侧重于记事的文章，要"事详人略"。这类文章，事是重点，要把事情的记叙要素，尤其是事情的发生、发展、高潮、结局写清楚，虽然少不了写到人和环境等，但人物和环境的描写只能服从于记事或依附于事。文章的着眼点在事情的过程上，无须着力去刻画人物。文章要着重表现事件的思想意义，而不是着重表现主人公的思想品德。写景状物为主的记叙文，描写景物是基础，应详写；涉及景物中的人和事就应该略写。例如，朱自清的《春》，作者在观察、感受春天的基础上，细致描绘了富有特征的五幅春景图，浓墨重彩，写出了春天的富有特征的景色，抒发了对春的赞美之情。文中也写到过人事活动，只是个模糊的概念，没有具体写事情经过和人物的思想，是略写。

记叙文须结合抒情与议论来阐明主题。以记叙与描绘为主的文章，应"详记略议"。此类文章以记叙与描绘为基础，应详尽展开，而抒情与议论则可简约处理。如鲁迅的《阿长与〈山海经〉》，作者通过回顾童年与保姆长妈妈共度的时光，勾勒出一位善良、朴实且略带迷信，充满烦琐礼节的长妈妈形象。全文以记叙为主线，于关键处辅以适当的抒情或议论，如："别人不肯做，或不能做的事，她却能够做成功。"这样的简短议论，使我们深刻体会到幼年的作者对长妈妈的敬仰与感激，有力地彰显了文章主题。

在其他散文或报告文学中，作者常运用特写镜头，详尽描绘人物形象或事件关键环节，其他部分则略加处理。如课文《列夫·托尔斯泰》，作者精细刻画他的外貌，犹如一幅人物肖像画，展示出托尔斯泰独特的气质与深邃的内心世界。阿累的《一面》对鲁迅肖像的远景、中景、近景三次特写，同样详尽描绘，通过影视艺术手法，塑造出鲜明的视觉形象，增强了作品的艺术感染力。在我们的作文中，亦可借鉴此法详写，以期凸显事物特点、烘托氛围、深化主题。

（三）详写的材料是典型的、新颖的、具体的、生动的

详写的材料最能突出题意，突出中心，反映人物的性格、品质和精神，体现文体的特色，必须选好、写好。首先，详写的材料要反复考虑，慎重选择典型的材料详写。典型的材料，就是最有代表性、最能反映事物本质的材料。例如魏巍写《谁是最可爱的人》，当时在朝鲜战场上可歌可泣的事例说不完也写不完，他写这篇文章的初稿题目是《自豪吧，祖国》，文中用了十多个事例来表现志愿军战士的爱国主义和国际主义精神。这些事例虽然都能围绕中心，但例子太多，效果反而不好。他对材料做了果断的取舍，最后只选取三个最有代表性的例子，这样就笔墨集中，主题突出。其次，要选新颖、生动的材料详写。有的人写助人为乐的作文，总是下雨天共用一把伞，帮同学遮雨而自己却打湿了；写老师的崇高品质是带病上课；写同学刻苦学习是如何攻克难题等。如果"借鉴"人家的文章，套用人家的文章，写别人写过的内容，那就显得没有新意。材料不落俗套，才能使读者赏心悦目，增强文章的表现力和感染力。我们选材、剪裁和安排详略时，要尽量选新鲜的、生动的题材。说人家很想说而没有说出来的事，写人家很想写而没写出来的文章，这样才受读者欢迎，才能避免一般化，给人耳目一新的感受。

总之，详尽的文章素材应具备实质性的内容。若在空洞无物的题材上过度发挥，易令读者感到厌倦和不悦。在撰写记叙文时，应选择具有故事情节和时代亮点的事件进行详述，事情的大小并非关键，小事亦可传达深远主题。对于说明文，同样须关注具体的事物特性，避免脱离事物特征而空谈抽象道理。在撰写议论文时，必须提供实际可靠的论据，通过对具体论据的剖析来说明观点，从而增

强说服力。

（四）剪裁和详略安排要得体合理

做衣服要根据人的高矮胖瘦量体裁衣，写文章也要根据文章的需要精心剪裁和合理安排详略。例如事情的发生和结果要略写，事情的发展过程要详写。事情的发生阶段，往往是交代时间、地点、人物以及起因，事情的结果部分，往往是写出事情的结局或点明事情的中心，在整个事情或整篇文章中，仅仅是枝节部分，要略写；事情的发展过程，是整个事情或整篇文章的主体部分，具体体现中心思想，需要详写。一些涉及人物多、空间广、时间长的文章，需要"点面结合"，"点"要详写，"面"要略写。例如写《在我们班里》，重点写的人物是"点"，班内的其他人物是"面"；写《我在这一年里》，重点写的一件或几件事是"点"，其他是"面"；要报道运动会的盛况，重点写的几个镜头是"点"，其他内容是"面"。要有点有面地叙事，"点"上的内容往往是文章的重点，直接体现中心思想；"面"上的内容往往是渲染气氛，交代背景，起烘托的作用。在突出详写的部分时，也不能忽视略写的部分。略写虽是寥寥几笔，如果运用得好，文章重点就突出，主题就鲜明，能起到"绿叶映衬红花"的作用。

在同一篇文章中，对于同一个内容，如果前文已讲述过，没有特殊需要，后文就不必再提；如果必须在后文详写，前文就不要写。如果前后文都需要讲，那么前后文必须有一方面略写。在同一类型的不同文章中，也要避免彼此重复，如：自己现在写的文章与自己以前写的文章不要重复，如必须用，只能略写；对于同一个方面的内容，如果他人已经写过，没有分歧意见或新的补充，就不必再写，如果自己的文中有必要提到有关内容，也必须略写。

文章的各层次详略要求不同，一般情况下，文章的开头和结尾宜用略写，主体部分宜详写；各层次或段落衔接处的过渡性文字宜用略写，各层次或段落本身宜用详写；作为背景性的文字宜用略写，现实性的文字宜详写。如何运用详写和略写，不能一概而论，应视具体情况，在作文实践中灵活把握。

第四节　初中语文写作的谋篇技法与实践

谋篇是初中语文写作中的关键环节，它决定了文章的整体结构和思路，是文章内容的组织和排列。通过谋篇，作者能够清晰地表达自己的思想，使文章逻辑严密、条理清晰，让读者更容易理解和接受。因此，在初中语文写作中，注重谋篇是非常重要的。

一、确定文章主题的方法

文章要有一个鲜明的主题，这是写好文章的关键。在确定了写作的范围后，就要从中找出主旨来。

第一，要有一个统率全文的中心思想。这个中心思想要贯穿全文始终，让读者看了每一段的内容都能明确是为了体现这个中心而服务。

第二，要认真分析材料。所给的材料是用来充实文章内容、突出中心思想的。因此，认真分析材料，把握住每个材料的内涵，才能更好地为表现中心思想服务。

第三，要注意材料的详略。在安排材料时，不能平均使用，而应做到前详后略，或者把一个材料分成几个部分来写，每个部分再加以详写。这样能更好地突出文章的主题。

二、安排文章结构的方法

文章的结构是文章思路的外在表现形式，它包括文中句与句之间的关系，段与段之间的关系，以及全篇的整体布局等。

第一，要合理地分段。在动笔之前，一定要先构思好文章的结构，安排好材料的组织顺序。这个顺序就是安排好段落和层次的顺序。具体来说，就是先写什么，后写什么，哪些段落要紧密连接在一起，哪些段落要分开来写，这样可以使文章的层次清晰、脉络分明。

第二，要确定好文章的开头和结尾。文章的开头和结尾是文章结构的重要组成部分。好的开头和结尾可以起到画龙点睛的作用，使文章结构完整、思路清晰、主题突出。

第三，要处理好段与段之间的关系。段与段之间要连贯、一致，不能有脱节现象。每一段的内容都要围绕一个中心来写，不能出现与中心无关的内容。段与段之间的衔接要自然、顺畅，不能出现"突然中断"的现象。

第四，要点题。在文章的结尾要点出文章的题目或主题，这样可以加深读者的印象，同时也能起到画龙点睛的作用。

参考文献

一、著作类

[1] 陈西春. 初中语文教学与高效课堂策略探索 [M]. 长春：吉林人民出版社，2021.

[2] 刘金生，张莉敏，杨兰萍. 初中语文教学课堂设计探究 [M]. 长春：吉林人民出版社，2020.

[3] 刘云生. 语文有效教学与文学教育探究 [M]. 成都：四川大学出版社，2013.

[4] 宋秋前，包国华. 初中语文教学设计与实施 [M]. 上海：上海交通大学出版社，2018.

[5] 闫红梅，单大旺，李广峰. 基于读写结合在初中语文课堂的有效教学研究 [M]. 长春：吉林人民出版社，2020.

[6] 郑向华. 初中语文写作技法与作文训练 [M]. 长春：吉林人民出版社，2020.

二、期刊类

[1] 陈文文. 论初中语文写作教学 [J]. 语文课内外，2018 (10)：176.

[2] 崔雪蕾. 互动教学在初中语文教学中的应用 [J]. 下一代，2022 (5)：52-53.

[3] 邓兴平. 初中语文写作技巧之我见 [J]. 读写算（教育教学研究），2014 (49)：300-300.

[4] 冯彬. 探讨初中语文教学 [J]. 语文课内外，2018 (30)：328.

[5] 宫亚静. 生本理念下的初中语文教学 [J]. 体育画报，2023 (5)：107-109.

[6] 郭丽辉. 初中语文写作教学 [J]. 学周刊B版，2014 (3)：140-140.

[7] 胡思颖. 对初中语文写作训练的思考 [J]. 中外交流，2021，28 (11)：

1558.

［8］胡英. 初中语文课堂教学中如何增强学生文化自信［J］. 作文，2023（Z4）：91.

［9］蒋党培. 项目式学习在初中语文教学中的实施路径［J］. 下一代，2023（7）：95-98.

［10］靳勤仓. 单元整体教学在初中语文教学中的应用［J］. 下一代，2022（11）：37-38.

［11］柯晓芳. 初中语文审美创造的培育路径［J］. 中学语文，2023（14）：5.

［12］拉巴仓决. 初中语文写作教学［J］. 读写算（教育教学研究），2014（41）：349-349.

［13］连桂华. 初中语文教学中的微写作实践［J］. 生活教育，2022（32）：82-83.

［14］刘淑凤. 多元教学方法在初中语文教学中的运用［J］. 中国多媒体与网络教学学报（下旬刊），2021（5）：193.

［15］鲁君建. 初中语文写作教学之探讨［J］. 中国校外教育（上旬刊），2020（4）：34-35.

［16］马晋. 初中语文写作教学指导［J］. 中学课程辅导（教学研究），2019，13（2）：108.

［17］马彦. 对初中语文教学内容和方法重构的认识［J］. 中学语文，2019（12）：59.

［18］马振敏. 初中散文写作教学的设计［J］. 学周刊，2019（13）：108.

［19］牛登朝. 初中说明文写作教学的优化路径［J］. 语文天地，2021（4）：37.

［20］秦莹芳. 初中语文写作教学的实践与思考［J］. 家长（中、下旬刊），2020（9）：157-158.

［21］孙萃. 指向语言运用的初中语文单元教学探索［J］. 上海课程教学研究，2023（6）：41-45.

［22］王丹. 初中语文课程教学中学生文化自信培养研究［J］. 新课程研究，2023（23）：93-95.

[23] 王裕婷. 初中语文写作初探 ［J］. 数码设计（下），2018（1）：265-266.

[24] 严剑飞. 浅谈初中语文教学 ［J］. 教学考试，2017（28）：81.

[25] 张付英. 初中语文写作教学 ［J］. 赤子，2017（18）：219.

[26] 张立未. 初中语文教学中的情感教育 ［J］. 学周刊 A 版，2014（8）：156-156.

[27] 张丽曼. 初中议论文写作教学有效措施探索 ［J］. 语文建设，2023（3）：75.

[28] 张瑞雪. 初中语文教学中传统文化渗透方法研究 ［J］. 生活教育，2023（14）：55-57.

[29] 赵儒强. 循序渐进引领写作——以初中语文写作教学为例 ［J］. 下一代，2023（5）：50-52.

[30] 赵毅超. 新课程背景下的初中语文教学探析 ［J］. 生活教育，2023（8）：70-72.

[31] 郑静. "双减"政策下的初中语文教学策略 ［J］. 试题与研究，2023（34）：146.

[32] 郑伟. 初中记叙文写作教学现状及对策研究 ［J］. 赤峰学院学报（自然科学版），2023，39（6）：98-100.

[33] 朱雪荣. 口语交际教学策略初探 ［J］. 读写算（教育教学研究），2011（48）：208.